U0498563

「行业+领先企业」产教融合新形态系列教材

跨境电子商务视觉营销

全国跨境电子商务综合试验区职业教育集团
北京博导前程信息技术股份有限公司 组织编写

张 瀛 主编

喻光继 薛永三 黄银珍 副主编

电子工业出版社

Publishing House of Electronics Industry

北京·BEIJING

内容简介

本书系统地讲解了跨境电子商务运营中视觉设计环节的相关知识和技能，其内容包含视觉营销认知、色彩设计、商品拍摄、商品图片处理与美化、文案策划、阿里巴巴国际站旺铺装修、视觉营销与无线端的关系，共计七个部分。

本书按照跨境电商视觉营销环节关于知识和技能进阶的过程进行内容安排，符合学生认知规律。教材将知识目标和能力目标充分结合，深入到跨境电商视觉营销整体认知过程中各个环节的知识学习和兴趣培养。

本书适合作为高等职业院校电子商务、网络营销和国际贸易等相关专业的教材，也可以供跨境电子商务相关从业人员作为参考学习用书。

图书在版编目（CIP）数据

跨境电子商务视觉营销 / 张瀛主编 . —北京：电子工业出版社，2020.5
ISBN 978-7-121-36603-1

Ⅰ . ①跨…　Ⅱ . ①张…　Ⅲ . ①电子商务－网络营销－高等学校－教材　Ⅳ . ① F713.365.2

中国版本图书馆 CIP 数据核字（2019）第 096815 号

责任编辑：张云怡　　文字编辑：王宝熠
印　　刷：三河市鑫金马印装有限公司
装　　订：三河市鑫金马印装有限公司
出版发行：电子工业出版社
　　　　　北京市海淀区万寿路 173 信箱　邮编：100036
开　　本：787×1 092 1/16　印张：14.75　字数：220.9 千字
版　　次：2020 年 5 月第 1 版
印　　次：2021 年 6 月第 2 次印刷
定　　价：49.80 元

凡所购买电子工业出版社图书有缺损问题，请向购买书店调换。若书店售缺，请与本社发行部联系，联系及邮购电话：（010）88254888，88258888。

质量投诉请发邮件至 zlts@phei.com.cn，盗版侵权举报请发邮件至 dbqq@phei.com.cn。

本书咨询联系方式：（010）88254573，zyy@phei.com.cn。

编写委员会

吴会杰	西安职业技术学院	经济管理学院院长
夏名首	安徽商贸职业技术学院	经济贸易系主任
夏 莹	无锡城市职业技术学院	贸易金融学院副院长
薛永三	黑龙江农业经济职业学院	信息工程学院院长
杨宏祥	杨凌职业技术学院	经济与贸易分院副院长
姚宏伟	黎明职业大学	商学院院长
周任慧	兰州石化职业技术学院	国际商务学院院长

专家委员会

（按姓氏拼音排序）

主 任：

肖 锋	阿里巴巴外贸综合服务事业部副总裁

副主任：

刘国峰	阿里巴巴集团淘宝大学培训学院副院长
孙志超	北京众智弘诚教育科技有限公司总经理
王春燕	北京教育科学研究院研究员
肖 亮	浙江工商大学现代商贸研究中心主任
游忠明	网易考拉研究院院长

委 员：

方玲玉	长沙民政职业技术学院	商学院院长
费 凡	大连凡越电子商务有限公司	总经理
冯 军	山西君正商务信息咨询有限公司	总经理
高庆怡	杭州央辰雨禾茶业有限公司	总经理
季小红	杭州德力西集团有限公司	国际贸易部经理
李琳娜	海南职业技术学院	校长助理
马茜茜	广州新思路教育科技有限公司	副总经理
孙一玖	北京网聚美裳电子商务有限公司	总经理
王 磊	安徽轩昂教育科技集团	董事长
王 伟	北京聚力创联电子商务有限公司	总经理
王永宝	温州立本集团国际贸易有限公司	总经理
吴洪贵	江苏经贸职业技术学院	贸易与物流学院院长
席 波	武汉职业技术学院	电子商务研究院院长
徐 青	宜兴慕森智能家居有限公司	CEO
尹志翔	杭州益泰翔贸易有限公司	总经理
张根标	杭州信天游实业有限公司	总经理
钟昌标	云南财经大学	商学院院长

审定委员会

（按姓氏拼音排序）

主　任：

陈　进　教育部普通高等学校电子商务类专业教学指导委员会副主任
　　　　对外经济贸易大学现代服务业研究中心主任

副主任：

高新民　中国互联网协会副理事长
侯　光　全国电子商务职业教育教学指导委员会副主任
　　　　北京市商业学校校长
陆春阳　全国电子商务职业教育教学指导委员会副主任
徐国庆　华东师范大学职业教育研究所所长
郑亚莉　全国电子商务职业教育教学指导委员会跨境电子商务专业委员会主任
　　　　浙江金融职业学院院长
祝　斌　中国国际商会贸易投资促进部

委　员：

姜　旗　兰州现代职业学院　　　　　　副院长兼财经商贸学院院长
孔繁正　广东农工商职业技术学院　　　商学院院长
李良树　武汉城市职业学院　　　　　　财经学院院长
李林海　南宁职业技术学院　　　　　　商学院院长
李选芒　陕西工业职业技术学院　　　　物流管理学院院长
刘喜敏　吉林交通职业技术学院　　　　管理工程学院院长
莫海燕　广西金融职业技术学院　　　　院长
钱琳伊　无锡商业职业技术学院　　　　商学院副院长
唐克胜　深圳职业技术学院　　　　　　商务外语学院院长
张宏博　广州番禺职业技术学院　　　　外语外贸学院院长
张明明　哈尔滨职业技术学院　　　　　现代服务学院院长
赵军镜　西安欧亚学院　　　　　　　　校长助理兼教育创新研究院执行院长
支卫兵　江西工业职业技术学院　　　　副校长
钟　林　成都职业技术学院　　　　　　工商管理与房地产学院院长

序 言（一）

在经济全球化发展背景下，跨境电子商务正通过理念全球化、技术数字化、主体普惠化、供应链柔性化、品牌全球化等方式对我国贸易进行全面的升级改造。我们高兴地看到，我国对外贸易正从"贸易多元化"向"全球买、全球卖、全球付、全球运"转变；技术手段由部分环节采用信息技术向数字化电子商务平台使用、全链条数字技术使用转变；贸易主体由传统贸易企业向中小企业、个人转变；贸易方式由传统线下贸易向跨境电子商务转变；交易特点从"大进大出、低频次"向"小批量、高频次"转变；贸易供应链由非个性化、大批量向个性化、碎片化，满足消费需求的柔性供应链转变；企业贸易优势由原来的拼价格、拼产品向企业开始注重通过构建自身"品牌力"开展全球零售转变。

跨境电子商务正在形成一条"网上丝绸之路"。近年来，跨境电子商务交易规模保持年均 20% 以上的高速增长，远超传统贸易规模增速。2018 年，通过海关跨境电子商务管理平台零售进出口的商品总额为 1347 亿元，相较于 2017 年增长了 50%；有进出口实绩的企业由 2017 年的 43.6 万家提升到 47 万家。

同时，我们也应该清醒地看到，跨境电子商务的高速发展也造成了行业人才缺口巨大。据不完全统计，2017 年我国跨境电子商务领域的人才缺口约为 450 万。《中国电子商务人才状况调查报告》中显示，企业在开展跨境电子商务业务过程中遇到的最大问题就是人才方面的问题。目前，跨境电子商务领域新技术、新思维、新商业模式、新职业能力不断产生，跨境电子商务人才属于新兴的复合技术技能型人才，除需要具有网络营销策划与推广、编辑与美工、电商数据分析、客户服务管理、网店（站）运营等传统电商的技术技能外，还要知晓国际贸易流程、国际商务交往规则，而传统的外贸及外语类人才很难匹配跨境电子商务行业发展的需求。

教育领域对跨境电子商务新业态发展需要通过专业设置来加快人才培育。特别是在职业教育中，应该依托电子商务专业大类，新增"跨境电子商务"专业来解决。同时，积极引导院校开展跨境电子商务专业，布局专业人才培养，以解决跨境电子商务人才短缺的问题。

　　因此，基于电子商务业务形成的能力体系构建方法、经验和渠道，有助于跨境电子商务职业能力体系构建。同样，一些公司和学校在电子商务教学过程中形成的人才培养理念、路径、模式、方法等，也有助于跨境电子商务专业人才培养体系的构建。最大化地共享、利用教学资源与设施，培养跨境电子商务专业教师团队，可以快速提升职业院校跨境电子商务人才供给，是我国贸易全面升级改造，制造业和服务业转型升级、模式改造的重要源泉和捷径。

　　此套教材构成了跨境电子商务专业核心课程的体系，相信在这样的课程体系下，能帮助更多的院校建设跨境电子商务专业，培养出更多的跨境电子商务专业人才！

序 言（二）

——在第一期全国跨境电子商务专业负责人 培训班开班式上的致辞

现场和网上收看直播的各位老师，大家上午好！

今天我们举办全国跨境电子商务专业负责人培训班，是我们共同学习、贯彻《国家职业教育改革实施方案》，推动跨境电子商务人才培养、产教融合的一项具体举措。专业负责人对专业和产业的认识与把握直接关系到专业未来的发展。这次培训计划名额是 80 人，但实际来了 100 多人。还有很多学校希望能来，为了保证培训质量，我们一一沟通安排他们参加第二期培训，希望大家能够理解。借此机会，我想谈三点思考供大家参考。

一、提高对跨境电子商务发展的认识

跨境电子商务不是简单的传统国际贸易互联网化，而是最具新经济特征的跨境贸易新生态。跨境电子商务的全球化、数据化以及多业态融合、多场景覆盖、多流量共享的特征正是新经济形态和新商业生态的显著特征。跨境电子商务的发展，正在深刻地影响着全产业发展模式、全球贸易格局和贸易的全球治理。

从 18 世纪 60 年代开始，伴随着国际分工体系的逐步形成，商品交换迅速发展，形成了国际贸易的发展雏形。随着贸易规模的扩大、结构的优化和区域经济一体化的快速发展，国际贸易领域出现了一般贸易、加工贸易、服务贸易和技术贸易等方式。跨境电子商务区别于上述传统国际贸易方式的本质在于消费端导向，也因此在贸易主体、贸易商品、贸易形态、贸易链条、监管原则、交易模式、征信模式、准入模式和风险承担主体上产生了明显的差异，形成了全新的生态。因此，不能把跨境电子商务简单地理解成传统国际贸易的互联网化。

跨境电子商务的产生，替代了一部分一般贸易份额，也在商品品类、贸易主体和贸易渠道上对传统贸易形成了补充。跨境电子商务不但不会对传统国际贸易造成冲击，反而会为一般贸易打开更大的市场，探索更多的机会，培育新兴市场主体。

更为重要的是，由于跨境电子商务的发展，加速了贸易便利化进程，由此产生的红利同样使得一般贸易受益。跨境电子商务还打破了传统国际贸易的单一渠道，逐步将灰色渠道引导到阳光合法的道路上，优化了国际贸易的市场环境。

二、跨境电子商务人才培养的思考

首先要理清产业、学科、专业与政府监管的关系。产业创新形成的知识积累沉淀到学科上，学科的纵向发展与横向融合又催生产业创新。产业的业态形成了岗位群，岗位群的知识和技能需求反映到专业上，专业在学科上的溯源与积累有利于技术技能积累与创新。

跨境电子商务是在全球化贸易背景下，由电子商务应用广度和深度的拓展而来的。因此，电子商务专业以专业方向的方式率先开展了人才培养的探索。随着跨境电子商务的深入发展，还涉及交易、支付、物流、通关、退税、结汇等诸多领域的人才培养创新，人才需求结构也越发明晰。原有由电子商务专业衍生的跨境电子商务专业已不能完全适应跨境电子商务的内涵与发展。

对跨境电商人才的思考，不能只局限在电商平台的交易环节，要从整个跨境贸易的链条来思考跨境电商人才结构。综合分析产业业态、岗位群和典型职业活动，原有电子商务专业的跨境电子商务方向已具备独立设置成跨境电子商务专业的条件和基础。同时，跨境电子商务的发展急需国际贸易类专业新增跨境贸易商务谈判、跨境贸易市场采购等专业或培养方向；急需报关类专业新增跨境贸易关务等专业或培养方向；急需物流类专业新增跨境贸易供应链管理、跨境贸易物流等专业或培养方向。这样才能逐步形成一个较为完善和能支撑产业发展的跨境电商人才培养体系。因此，跨境电商人才培养需要国际贸易、报关、物流、电子商务等专业共同行动。

在跨境电子商务交易中，贸易流程将由平台引导完成，交易贸易规则的变化也会在第一时间由平台予以呈现，降低了国际贸易的门槛。这就使得贸易主体从烦琐的国际贸易流程与规则中解脱出来，这也是跨境电子商务能够培育出众多中小企业国际贸易主体的原因所在。与此同时，随着"两平台六体系"的建设成熟，贸易主体还将从烦琐的关务流程中解脱出来，极大地节约了成本，提高了效率。因此，跨境电子商务从业者和传统国际贸易从业者在知识与技能结构上存在着本质的差别。我们组织编写的《跨境电子商务人才培养指南》中有比较完整的反映。

三、全国电商行指委下一步工作考虑

（一）打造专业、创新和智库三个发展平台

专业发展平台就是全国跨境电子商务综合试验区职业教育集团，重点支撑专业布点、专业建设、师资队伍培养，参与教学资源建设。创新平台是苏州经贸职业技术学院建设的跨境电子商务应用研究与人才培养协同创新中心，这个平台重点支撑产教融合，技术技能积累与创新，科学研究和教学研究，参与教学资源建设。智库平台就是数字经济与跨境电商综试区发展大会，重点支撑政产学研合作、政校合作、校企合作和前面两个平台的成果展示，以此平台带动学校深度参与地方经济发展。

（二）遴选一批全国跨境电子商务教学改革实验校

计划遴选"10+1"所全国跨境电子商务教学改革实验校，这个名称是暂定的，最终叫什么，大家觉得怎么好就怎么来，但是也不能随便叫，要本着朴素有内涵的原则。为什么是"10+1"所，这个"1"就是杭职院，杭职院不用申请，也不占10所的名额。杭职院在职教集团建设中做出了突出贡献。这"10+1"所学校，我们组织力量共同优化人才培养方案，开展联合教研，立项重点教改项目，共建实训基地，集中宣传教学改革成果，并为这些学校的专业负责人和骨干教师搭建各种发展平台，将他们培养成跨境电子商务领域的代表人物。

（三）继续推动共建"行业＋领先企业"产教融合生态

通过"行业＋领先企业"产教融合生态建设，整合领先企业资源，撬动政府资源。我们将重点支持全国跨境电子商务综合试验区职业教育集团成员学校与所在地综合试验区建立深度合作，帮助学校更多地获得当地政府的支持与资源。

各位老师！在推动农村电子商务人才培养过程中，全国电商行指委和供销行指委开展了良好和务实的深度合作。在推动跨境电子商务人才培养的新征程上，我们愿意积极和主动地与国际贸易、报关、物流等领域的行指委开展交流与合作，在教育部统筹下，共同为建立和完善跨境电子商务人才培养体系做出贡献！

　　谢谢大家！

全国电子商务职业教育教学指导委员会副主任

序 言（三）

记得 20 世纪 90 年代初，在深圳安装一部固定电话的官方价格是 6 000 元人民币，还要排队，黑市价要 10 000 元人民币！背后的原因是进口的模拟程控交换机价格昂贵，即使售高价也无法满足市场需求。然而，这种状况不久就被改变了，一群完全不懂模拟交换技术的中国年轻人率先利用计算机技术发明了数字程控交换机——HJD04，以"巨大中华"[①]等为代表的中国通信企业打破了我国局用程控交换机被进口设备垄断的局面，并最终成为全球数字通信市场的主导者。

当一项重大工业革命性技术发明时，嵌入市场需求场景，就可能引起同行业及商业形态发生颠覆式变革。或者说，将是社会及商业创新发展的重要窗口期和机遇。

以上数字通信产品的诞生过程，就是离我们最近的案例之一。

蒸汽机、电力、计算机及互联网被公认为是近代四大重要工业革命性技术发明。我们正处于以互联网、大数据、人工智能为代表的第四代工业革命的窗口期，未来还会有哪些重大商业变革的机遇呢？

今天，互联网 /IT 技术（含移动网络）在商业服务领域中的应用——电子商务的迅猛发展，已明显改变了传统商业零售业和生活服务业的形态，跨境电商（零售）逐渐成为新热点。

然而，直至今天，互联网在传统国际贸易中的应用（跨境贸易或数字贸易），并未发生重大实质性改变。这已成为全球贸易发展的短板，也是创新变革的机遇！

众所周知，自 1978 年中国改革开放以来，中国制造业产值已超过美、日、德三国的总和，成为名副其实的"世界工厂"，并且成为全球外贸出口第一，进口第二，同时也是外贸企业特别是中小企业最多的国家，这种独特的外贸市场环境（场景）结合互联网技术的发展，导致我国在近 20 年中涌现出了大批与传统国际贸易模式截然不同的外贸服务新业态。

跨境电商营销平台（在线交易撮合类）、跨境电商交付平台（外贸综合服务企业[②]）及基于交易大数据的履约保障体系等数字贸易服务平台正在改变传统国际贸易

---

① "巨大中华"指 20 世纪 90 年代中国通信行业的四大代表性企业：巨龙、大唐、中兴、华为。
② "外贸综合服务企业"指以阿里巴巴一达通为代表的，基于互联网的中小企业进出口业务流程外包服务平台。

的交易方式、服务规则、信用体系，同时也推动贸易监管制度的改革，其目标是降低跨境交易门槛，促进中小企业及欠发达地区的发展，改变全球价值链，符合全球普惠贸易发展的大趋势。

"'行业＋领先企业'产教融合新形态系列教材"正是在这个大背景下推出的，教材系统地总结、整理了国内外知名跨境电子商务平台的运营经验、理论依据、规则标准等内容，适合各类电商专业院校、数字贸易学院作为教学材料。

数字贸易是数字经济时代的重要组成部分，大数据的应用将类比传统经济中的水、电、煤，成为经济发展的基本要素，而培育适应数字经济时代发展的人才，已成为把握未来的关键，相信我国在数字经济时代的教育实践与探索，能够成为全球数字贸易人才培育的标杆。

2019 年 6 月 深圳

前 言

在中国，电商早已从原来大家都"看不起，看不懂"的一件事情变成了今天大家的一种生活方式。最开始，人们抱怨电商让人们不再上街、不再去商场，导致实体店生意下滑，使依托于实体店工作的人们失业率变得越来越高。的确，每当时代变革的时候，总有些人觉得这是一种对原有社会商业结构的破坏，从工业革命到信息革命一直如此。但是，在这个世界上总有一些人愿意积极地拥抱变化，这些人会从变革中获取新的机会，找到属于自己的新疆土。越来越多的电商品牌，包括一些传统企业的电商化，都创造出了大量新的就业机会。

中国电商化的进程是飞跃式的，很多营销方式和商品与消费者之间的匹配模式每天都在迭代，在这个过程当中电商从业者积累了大量的数据以及运营的方法和经验。同时随着中国世界工厂的产业集群优势不断扩大，全球其他国家也在无形地接受着来自中国电商能力的溢出，这种新形态大大提高了传统国际贸易的效率，促使全球资源更合理的匹配，推进了国际贸易的数字化。

电子商务视觉营销区别于传统的广告，它更加快捷、直接，大大地缩短了人们从看到商品到决定购买的时间。随着跨境电子商务对视觉的要求越来越高，有很多电商的从业者都觉得自己无法达到市场的要求，而无论是拥有电商专业的学校，还是想自学视觉营销知识的从业者，在市场上能找到的相关专业书籍却寥寥无几，大家只能购买一些传统的广告方面的书籍来学习研究。作为多年从事电商视觉工作的一员，我深感自己应该把这些年来在行业第一线总结的实战经验和方法论分享给大家，让那些勇于在新的商业社会中探索的人们更快捷地达到目标，同时也可以让在学校中学习电商知识的同学们能够更好地理解跨境电子商务视觉营销的目的与意义；让那些想从事跨境电商工作，却害怕自己没有相关美学基础的从业者找到一种正确的方法，不再迷信跨境电商视觉设计必须是受过严格美术训练的人才能做的事情，只要掌握了正确的方法和规则，每个人都可以制作出让自己商品大卖全球的电商设计，为实现自己的梦想更进一步。

本书共分为 7 章内容。

第 1 章从视觉营销的概念入手，分析了视觉营销的目的和作用。

第 2 章深入讲解了不同国家的消费者对于色彩的理解，包括不同营销场景下的应用和搭配原理。

第 3 章从构图和布光方面深入分析和介绍了商品摄影的原理和技巧。

第 4 章专门针对跨境电子商务的特点和使用范围讲解了图片美化和设计的

方法。

第 5 章围绕跨境电子商务在不同国家的特点，如何设计字体和文案提出相关的解决措施。

第 6 章和第 7 章介绍了设计在平台中的具体适用场景和优化策略。

本书的内容大部分来自作者多年从业经验的整理和归纳，尽量用通俗易懂的方式来讲解跨境电子商务视觉营销的方法，让这本书不但可以达到教学的目的，而且可以变成一本大家手边的工具书，可以随时查阅自己所需要的内容。希望这本书能够为大家点亮一盏灯，照亮跨境电商视觉中的一个角落。

本书由全国跨境电子商务综合试验区职业教育集团、北京博导前程信息技术股份有限公司组织编写；由张瀛（陕西聚亮网络科技有限公司）担任主编，喻光继（广西财经学院）、薛永三（黑龙江农业经济职业学院）、黄银珍（海南职业技术学院）担任副主编。

本书还有很多需改进之处，加以不断完善和提升，敬请广大读者批评斧正。

编者

目 录

第 1 章　视觉营销认知　　　　**/001**

1.1　电商营销的关键——视觉营销　　　/002

1.2　跨境电子商务中的视觉营销　　　/004

1.3　跨境电子商务中图片版权的重要性　　　/005

第 2 章　色彩设计　　　　**/008**

2.1　色彩基本属性　　　/009

2.2　色彩心理学　　　/011

2.3　配色技巧　　　/016

2.4　跨境电子商务视觉营销中的色彩应用　　　/020

第 3 章　商品拍摄　　　　**/023**

3.1　商品拍摄基础知识　　　/024

3.2　布光　　　/041

3.3　构图　　　/053

第 4 章　商品图片处理与美化　　　　**/065**

4.1　关于 Adobe Photoshop　　　/066

4.2　Adobe Photoshop 基本工具使用　　　/074

4.3　Adobe Photoshop 技能进阶　　　/095

4.4　商品图片美化　　　/125

第 5 章　文案策划　　　　**/138**

5.1　商品定位　　　/139

5.2　文字的设计与应用　　　/141

5.3　文案策划在阿里巴巴国际站的应用　　　/148

第 6 章　阿里巴巴国际站旺铺装修　　　　**/153**

6.1　页面整体布局　　　/154

6.2　旺铺子板块装修　　　/161

6.3　移动端装修　　　/181

第 7 章　视觉营销与无线端的关系　　　　　　　　　　**/196**

7.1　阿里巴巴国际站无线端的展示　　　　　　　　　/197

7.2　移动端电商设计的优化　　　　　　　　　　　　/201

索引　　　　　　　　　　　　　　　　　　　　　　**/207**

第 章

1

视觉营销认知

  视觉营销是英文 Visual merchandising 的中文简写，归属营销技术的一种，也是一种可视化的视觉体验，指利用色彩、图像、文字等造成的视觉冲击力，吸引潜在目标群体的关注，增加商品和店铺的吸引力，产生营销制胜的效果，最终达成商品营销或品牌推广的目的。

  "视觉"以营销为目的，营销则通过"视觉"来实现。综观视觉营销，它是合理地利用视觉效果和客户体验达成交易，从而实现销售额和利润。视觉营销是当今网络营销中非常重要的组成部分。

知识目标

1. 了解视觉营销的定义；

2. 认识视觉营销在电商营销中的功能和作用；

3. 了解跨境电子商务视觉营销的基本原则；

4. 认识跨境电子商务中图片版权的重要性。

能力目标

1. 能够结合店铺实际情况策划相对应的视觉营销方案；

2. 掌握规避图片侵权的方法。

1.1 电商营销的关键——视觉营销

眼睛是人类观察外部世界、表达内心情感的主要器官之一。人类接受的外部信息中超过80%来自视觉，大大超过了其他感知觉。

近年来，电子商务如雨后春笋般迅猛发展，各大电商平台间的竞争也愈发激烈，而在电商平台中销售的商品，大多是通过互联网展示给目标客户的，由此"视觉"便成为客户接受商品信息、决定是否购买商品及辨别品牌优劣的主要渠道。

视觉体验对客户的购买行为影响巨大，那么视觉营销自然也成为电商营销的制胜关键。卖家若能为自己的店铺和商品制定出一套出色的视觉营销方案，便有机会在众多商家中脱颖而出，通过视觉吸引客户的眼球，促进成单，最终实现店铺的盈利。

1. 电子商务视觉营销分类

以营销的功能划分，电子商务视觉营销可分为以下两种。

（1）引流视觉

通过视觉冲击让客户对店铺产生好感，引发其点击进入店铺，称为引流视觉。

引流视觉体现在广告投放页面和自然搜索展示页面中，它是整个店铺在电商平台里的第一次亮相，决定着客户是否能够"相中"店铺，并点击进入店铺。引流视觉的任务是把目标客户吸引到网店中来，其考核的标准是店铺和商品的点击率。

（2）销售视觉

通过视觉刺激让目标客户对商品心动，使其产生立即购买的欲望和行为，称为销售视觉。

销售视觉是指在短时间内通过视觉营销和客户达成对话，并使其产生购买行为，其考核的主要标准是流量转化率。转化率是指最终产生购买行为的客户与通过引流视觉吸引到的客户之间的比例，也可以用成交人数／访客数表示。销售视觉犹如一名优秀的销售顾问，不管客户是何原因来到店铺，都能找到一个让其购买的理由。销售视觉的主要关注点是店铺装修（店铺转化率）和商品详情页（单品转化率）。

2. 视觉营销的不同发展阶段

卖家所处的发展阶段不同，对于引流视觉和销售视觉的诉求也不相同。

对于刚进军电商领域的卖家来说，其首要问题便是流量，无流量便无成交量。此阶段的卖家对于视觉营销的主要诉求为引流视觉，即通过视觉营销吸引尽可能多的客户点击进入店铺，浏览商品，并在页面设计中突出商品的品质和店家的信誉，以促成首次交易。

当卖家的经营步入中后期时，网店已经具备了基础的流量，此时卖家需要和客户进一步建立联系，即产生社群，以增加客户对于商品和品牌的认同感。卖家应当强化店铺整体的视觉识别（Visual Identity，VI）和个性化设计，尽可能让每一位浏览店铺的用户都能在价值观层面上对商家产生认可，彼此之间达成共识，形成基于商品的共同体（社群）。在此阶段中卖家应该注重打造属于自己的电商品牌，拥有自己的品牌流量。

需要注意，卖家在做好视觉营销的同时也应当兼顾商品品质，注重店铺的平衡发展，否则会带来很多负面影响，如订单量暴增却不能及时发货、商品差评多、退换货商品多。一家畅销店铺应该是好的营销＋好的商品＋好的供应链的结合体。

1.2 跨境电子商务中的视觉营销

1. 基本原则

在跨境电子商务中，卖家制定视觉营销方案的目的是吸引海外目标流量，刺激其购物欲望并使其转变为有效流量，再通过进一步提升自己的店铺形象，让有效流量转变为忠实流量。由此，卖家在制定方案的时候应当遵从以下几个基本原则。

（1）目的性

卖家应该多方面分析客户的需求，按照买家的购物习惯和欣赏角度制作出能突出商品基本属性和商品特色的宣传图文，同时做好商品摆放和分类的视觉营销，不要让客户因为寻找商品困难，而产生负面情绪。

（2）审美性

卖家在开设网店时，首先店铺和商品的设计应当让人在视觉上感觉舒适，然后应该定期更换更加精美的店铺布置，让客户每次来都有好心情，不至于产生审美疲劳，有再次购买商品的欲望，从而形成一种良性循环发展模式。

（3）实用性

跨境电商视觉营销的实用性在于满足客户的需求，实现其可操作性。第一，设计做到视觉应用统一，即整体风格统一；第二，巧用图文说明让店铺的操作功能简易化；第三，商品摆放整齐有序，方便客户寻找。

2. 遵循客户需求

为了把信息精准地通过视觉传递给客户，视觉营销的设计方案应当遵循客户的需求，主要有以下几类。

（1）基础需求

基础需求类商品的目标客户大多要求商品具有正常使用功能即可，对应的消费人群主要为价格引导型。因此视觉营销设计方案的重点应当放在折扣和低价上，如全场低至×折、买一送一、冰点、裸价等。

（2）安全需求

安全需求类商品的目标客户比较关注商品的安全性，注重"安全"和"健康"，因此视觉营销设计方案的重点应当突出商品在该方面的功能和特点。

（3）社会需求

社会需求类商品的目标客户关注商品是否有助于提高自己的交际形象，因此视觉营销设计方案的重点应当放在情感上，如亲情、爱情、友情。

（4）尊重需求

尊重需求类商品的目标客户较为关注商品的象征意义，以及商品能否满足他们的社会需要、尊重需要，因此视觉营销设计方案的重点应当是突出商品象征的特殊意义。

（5）自我实现需求

自我实现需求类商品的目标客户拥有自己特有的评判标准及固定的品牌需求层次，此时的设计方案应重点关注他们的精神层面需求，不能仅仅拘泥于价格。

（6）文化需求

跨境电商卖家面对不同国家的消费人群，由于各个国家文化、历史、民族和购物偏好存在差异，消费群体在同一需求层次上还会存有一定的差异，因此，在设计上应遵循目标客户国家、民族的文化及生活习惯等。

1.3 跨境电子商务中图片版权的重要性

互联网的普及使图片的转载变得十分方便，但并非所有的图片都是可以免费使用的，一部分拥有版权（即图片著作权）的图片，如果未经许可便私自使用，会给商家带来不可估量的利益损失。

1. 图片版权（著作权）和侵权处罚

图片版权，也称为图片著作权，是指作者对其创作的图片作品所享有的专有权利。著作权是公民、法人依法享有的一种民事权利，属于无形财产权。有著作权的图片的使用，往往需要支付给版权持有人一定的授权费用。

未经版权持有人同意，将拥有版权的图片用作商业用途，便会构成侵权行为。对于侵权行为，《中华人民共和国著作权法》第四十九条规定："侵犯著作权或者与著作权有关的权利的，侵权人应当按照权利人的实际损失给予赔偿；实际损失难以计算的，可以按照侵权人的违法所得给予赔偿。赔偿数额还应当包括权利人为制止侵权行为所支付的合理开支。权利人的实际损失或者侵权人的违法所得不能确定的，由人民法院根据侵权行为的情节，判决给予五十万元以下的赔偿。"

大多数的跨境电商平台如亚马逊、阿里巴巴国际站十分注重保护原创、尊重知识产权，对卖家的侵权行为持零容忍的态度。例如，在阿里巴巴国际站开店的部分卖家因为存在侵权行为而最终导致店铺被关。因此，跨境卖家必须要有版权意识，从而避免图片侵权可能带来的损失。

2. 如何规避图片侵权

常见的侵权行为有图片盗用和商标侵权，规避图片侵权的方法有以下几种。

（1）禁止盗用他人图片

在刊登商品图片时，禁止使用版权不明的图片。卖家应尽可能拥有自己的拍摄团队和签约模特，从而创建自己独立版权的商品图片，从源头上解决版权侵犯问题。

（2）注意保存原始图片信息

卖家一定要注意保存原始图片信息，即便是自己拍摄制作的图片，也不排除会有其他卖家的恶意投诉侵权行为。若遇到此类情况，卖家即可提供图片的原始相关信息，证明图片来源的合理性。

（3）禁止商标侵权

除盗图以外，卖家也应该杜绝商标侵权行为的出现，例如商品不能印有其他品牌的 Logo、水印，以及各种明星头像、卡通动漫（如"Hello kitty""Angry birds"）等。

3. 加强图片版权保护意识

面对全球市场，卖家应该不断加强图片版权的自我保护意识，保障自己的店铺能够顺利运营。

① 确保商品图片和商标合法合规。

② 做好知识产权管理，有效避免侵权黑洞的同时，完善知识产权布局，保护现

有的创新成果。

③ 了解不同平台的版权保护内容、标准及处罚条款。

卖家在商品上架之前，可以通过各国相应的商标和专利查询网站对部分较难辨别的图片版权进行查询，做到一查、二审、三上架，为商品的正常售卖扫清障碍。

本章小结

本章帮助读者对视觉营销的定义、作用和重要性建立整体认知。首先，根据内容介绍了视觉营销的功能划分，突出视觉营销在跨境电商营销中的关键作用。其次，讲述了视觉营销方案制定的基本原则。最后，以图片版权的重要性收尾，帮助读者掌握规避图片侵权的多种方法。

第 章

2

色彩设计

　　跨境电子商务视觉营销的三大要素是色彩、图像和文字。放眼广大的海外市场,众多海外客户在选择跨境电商平台上不同类型的网店时,首先会被店铺装修中的"色彩"吸引,然后才会根据色彩的走向,对画面的主次逐一进行了解。由此可见,学好色彩设计,是做好跨境电商视觉营销的第一步。

知识目标

1. 了解色光三原色和色料三原色；

2. 了解色彩的三个基本属性；

精彩图片

3. 了解色彩的性格特征；

4. 了解同类色、邻近色、对比色和互补色四种常用的颜色搭配组合；

5. 了解不同国家对于颜色的不同使用习惯。

能力目标

1. 能够根据不同的商品属性或活动主题，确定一个视觉营销设计应该采用的主色调；

2. 掌握同类色、邻近色、对比色和互补色四种颜色搭配组合的实际应用方法。

2.1　色彩基本属性

颜色是人们认识世界的一种方式，是通过眼、脑和人们的生活经验所产生的对光的视觉效应。人们肉眼所见到的光线，是由波长范围很窄的电磁波产生的，不同波长的电磁波表现为不同的颜色，对色彩的辨认是肉眼受到电磁波辐射能刺激后所引起的一种视觉神经的感觉。

三原色是组成众多颜色的基础，由于表现的介质不同，三原色又被分为色光三原色和色料三原色。

1. 色光三原色——加色法原理

色光三原色是红色（Red）、绿色（Green）和蓝色（Blue），这三种光以相同比例混合达到一定的程度，就会呈现白色；若三种光的强度均为零，则呈现黑色。色光三原色如图2-1所示。色光三原色遵循加色法原理，普遍应用于电视、显示器等发光显示的商品中。

图 2-1　色光三原色

2. 色料三原色——减色法原理

色料三原色是青色（Cyan）、品红色（Magenta）和黄色（Yellow）。和色光三原色（加色法原理）相反，当把三种颜色同比例混合在一起时，呈现黑色，反之则呈现白色。色料三原色如图 2-2 所示。色料三原色遵循减色法原理，在打印、印刷绘画中广泛使用。

图 2-2　色料三原色

3. 色彩的基本属性

每种色彩都同时具备三个基本属性，即色相、饱和度、明度，如图 2-3 所示。

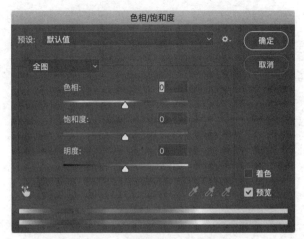

图 2-3　色彩的三个基本属性

（1）色相

色彩是物体上物理性的光反射到人眼视神经上所产生的感觉。颜色的不同是由光的波长长短所决定的，色相则是指这些不同波长的颜色的属性。

简单来说，色相即色彩的相貌，是区分色彩的主要依据。

（2）饱和度

饱和度用来表示颜色的鲜艳程度。饱和度越高，表现越鲜艳；饱和度越低，表现越黯淡；饱和度最低时，呈现黑白灰状态。

（3）明度

明度指色彩的明暗程度，是表现色彩层次感的基础。在无彩色系中，白色明度最高，黑色明度最低；在有彩色系中，黄色明度最高，紫色明度最低。任何一个有彩色的颜色，当它加入白色时，明度提高，当它加入黑色时，明度降低。

2.2　色彩心理学

每种颜色都有属于自己的性格特点，可以结合实际给具体的商品进行拍摄和设计，以确定适合商品的主要颜色。

1. 红色

红色是色光三原色之一，也是一种强有力的色彩，如图 2-4 所示。

　　在远古时代，人类还没有掌握文明之前，黑夜是寒冷和危险的，而火的出现则让人感到无比的安全、温暖和自信，如图2-5所示黑夜中的篝火。红色象征着激情，能使人勇气倍增，西方常用红色作为战争的象征，表示牺牲之意。在东方，红色则代表吉祥、乐观、喜庆之意。红色容易让人产生热血沸腾的感觉，所以在商品拍摄和设计的时候常选择用红色表示一些需要给消费者建立强大自信的类别，如天猫、京东。红色看久了会给视觉产生巨大的压力，容易引起视觉疲劳，因此使用时面积不宜过大。

图2-4　红色

图2-5　黑夜中的篝火

2. 蓝色

　　蓝色是色光三原色之一（颜料色中，使用青色代替蓝色），蓝色系颜色多样，包括天蓝、湖蓝、宝蓝、粉蓝、冰蓝、碧蓝等，如图2-6所示。

　　天蓝色代表宁静、清新、自由，和粉红色一样，是安抚色，能让人的心情感到放松，如图2-7所示蓝色的天空；湖蓝色是海的颜色，代表忧郁、深邃、冷淡；宝蓝色即宝石蓝，是最深也是最亮的蓝色，又称海军蓝，代表冷静、智慧等。在电子商务商品拍摄和设计中，经常用蓝色表示一些高科技，或者强调安全、让人放松的商品。

图 2-6　蓝色

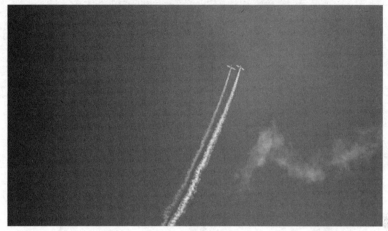

图 2-7　蓝色的天空

3. 绿色

　　绿色是色光三原色之一，也是非常特殊的颜色。它既不是冷色，也不是暖色，属于中立的颜色，如图 2-8 所示。

　　绿色代表清新、希望、安全、自由、舒适，有新生之意。犹如在一片一望无际的沙漠中，突然看到一片绿洲，会让人感到安全，充满希望。在现实生活中，绿灯、安全出口等也是利用了绿色代表安全的属性，如图 2-9 所示安全出口标志。在商品拍摄和设计时，绿色常常用来表示一些食品类目、母婴类目的商品，寓意安全放心、纯天然无添加等。

图 2-8　绿色

图 2-9　安全出口标志

4. 黄色

黄色是色料三原色之一，它的亮度最高，很容易被白色冲淡，如图 2-10 所示。

黄色能给人轻快、充满希望和活力的感觉，同时黄色还代表丰收、财富和权力。在中国古代，黄色是"帝王之色"，也是"正义之色"。由于黄色明度极高，能刺激大脑中与焦虑有关的区域，而且具有警告的效果，故而也成了国际通用的警示色彩，如图 2-11 所示警告牌。鉴于黄色十分醒目，在商品拍摄和设计时促销或时尚类商品可以考虑使用黄色，这些商品页面需要让人第一眼就有强烈感知。

图 2-10　黄色

RADIATION SIGN WARNING　　　BIOHAZARD SIGN　　　MAGNETIC FIELD SIGN

图 2-11　警告牌

5. 橙色

橙色是由红色和黄色组成的，也可以称为橘色，如图 2-12 所示。

橙色代表时尚、青春、快乐、活力四射。在自然界中，一些成熟的果实往往会呈现出橙色，而富有营养的食品（如面包、糕点）也多是橙色，因此橙色容易引起人们对营养、香甜等方面的联想，也是易于被人们所接受的颜色。在商品拍摄和设计中橙色经常出现在体育、运动、健康相关的商品页面上，给人一种充满能量、随时战斗的感觉，例如阿里巴巴的 Logo 主色就是橙色，如图 2-13 所示。

图 2-12　橙色

图 2-13　阿里巴巴的 Logo

6. 紫色

紫色是由蓝色和红色组成的，紫色的光波最短，在自然界中较少见到。紫色系有淡紫色、深紫色、粉紫色和灰紫色，如图 2-14。

图 2-14　紫色

紫色是神秘、高贵、浪漫的象征。淡紫色和粉紫色代表浪漫优雅，而深紫色和灰紫色充满性感狂野。如图 2-15 所示紫色的花。在商品拍摄和设计时经常用紫色表示一些性感的、浪漫的商品，例如女士内衣、香水、精油等类目。

图 2-15　紫色的花

7. 粉色

粉色是由红色和白色组成的，也是广大女性喜爱的颜色，如图 2-16 所示。

粉色温柔、甜美，可以软化攻击、安抚浮躁，深浅由淡粉色到中粉色再到艳粉色，也有很多象征意义：可爱、温馨、娇嫩、青春、明快、美丽、恋爱等。这种颜色用途很广泛，经常是花朵、少女装饰品的颜色，在电商商品拍摄和设计时，经常用粉色表示一些少女类目的商品，如少女的服装、配饰等，如图 2-17 所示 Hello Kitty。

图 2-16　粉色

图 2-17　Hello Kitty

除了以上常用的颜色之外，还有黑色、白色和灰色，它们被称为调和色。调和色很少单独大面积地使用，一般会用其他颜色中和。在电商广告中经常作为文字的颜色出现。黑色往往给人一种深沉、庄重的感觉；白色则给人一种纯洁、轻松、愉悦的感觉；灰色则呈现出高雅、简素、质朴的感觉，代表寂寞、冷淡、成熟，灰色也常使人有现实感。

在商品拍摄和设计中要根据商品的特性，正确地选择拍摄和设计的主要色彩才会让消费者感知到商家想要赋予商品的属性和卖点价值，从而提高商品的销量。

2.3　配色技巧

任何好的视觉效果都不是由单一颜色构成的，当把商品拍摄和设计的主要颜色定下来后，就要考虑用其他颜色来与主颜色进行搭配。一个好的电商广告图或商品摄影作品，首要任务是向消费者传达强烈的购买信息。颜色的作用是潜移默化地影响消费者，在心理层面上给消费者很强的暗示，那么颜色搭配的秘密都有哪些呢？

色环是了解颜色搭配的基础知识，它是在彩色光谱中所见的长条形的色彩序列，只是将首尾连接在一起，使红色连接到另一端的紫色。色环通常包括 12 种不同的颜色，在看色环的时候可以把中间颜色的交接处当成均匀的渐变过渡，这样色环就可以表现出无数种颜色了，如图 2-18 所示。

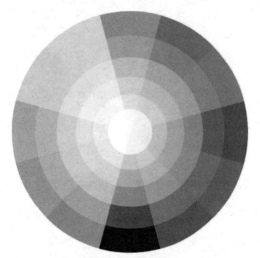

图 2-18　十二色环

对大部分人而言，颜色与颜色搭配像是一种科学的，并隐藏在 DNA 中的感知，是一件与艺术相关的事情。颜色搭配需要对色彩很敏感，但只要掌握规则和技巧，一样可以做得很出色。

常用的颜色搭配组合有四种：同类色、邻近色、对比和互补色。

1. 同类色

同类色是指色相性质相同，但色度有深浅之分的颜色组合，它是在 12 色环中位于 15°夹角内的颜色，如图 2-19（a）所示。

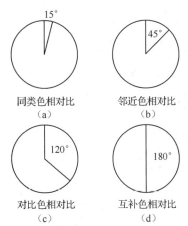

图 2-19　同类色、邻近色、对比色、互补色对比图

同类色的组合更多是颜色本身的明度变化，给人协调、整体、有气质、容易接受的感觉。在电商领域中，多用于表现商品的气质和品位，会用在制作一些清新、温柔、高品质、高客单价的商品中，如：母婴类目、家纺、珠宝、化妆品等。

2. 邻近色

邻近色是指在色相环中相距 45 度，或者相隔五六个色位的两色，如图 2-19（b）所示。邻近色色相彼此近似、冷暖性质一致、色调统一和谐、感情特性一致，如：红色与橙色、蓝色与绿色等。

邻近色和同类色有相似的特性，都能给人一种和谐统一的感觉，但是邻近色又比同类色富有更多的层次，能让人感受到更多的乐趣。

在电商领域的应用中，同类色和邻近色的使用场景有很多类似的地方，暂且可以归为一大类，叫气质色，气质色使用场景如图 2-20 所示。

图 2-20　气质色使用场景

3. 对比色

对比色是指在色环中相隔 120° 的颜色，如图 2-19（c）所示。这两种颜色在视觉上有明显的区分，也称大跨度色域对比，如红黄蓝等。这种配色有着鲜明的色感，醒目、富有活力。

对比色在电商商品拍摄和设计中常用在活动促销或主题页面上，年轻时尚的快消品中也经常出现这种搭配。

4. 互补色

在光学中若两种色光以适当的比例混合就能产生白光，则这两种颜色就被称为"互补色"。而在颜料中，两个互补色相互混合会变成黑色。

在色环中，两个互补色之间的角度为 180°，如图 2-19（d）所示，是所有颜色搭配中视觉效果最为明显的颜色搭配，如红色与蓝色、黄色与紫色。由于互补色有着强烈的分离性，所以互补色相对于对比色来说更完整、更充实、更刺激，可以让消费者产生兴奋、有力、活泼的感觉。但是看久了也容易产生视觉疲劳，处理不当的话会有烦躁、不安定的感觉。

一般可以通过调节面积大小、纯度、明度等来调和互补色，达到和谐平衡的效果，互补色应用如图 2-21 所示。在电商中，互补色常用于制作一些短期的促销或者强调价格优惠的直通车、钻展图片中。

图 2-21　互补色应用

对比色和互补色又被称为惊喜色，运用得当会为商品营销带来意想不到的惊喜。但在使用中一定要控制颜色的面积大小、饱和度等，可以使用一种颜色作为主色调，另一种颜色作为点缀，最后达到整体和谐的效果，切忌两种颜色平均化或颜色过于跳跃的现象出现。

综上所述，正确使用颜色的一般步骤是：首先需要根据商品和店铺的风格，以及行业和人群的属性来寻找一个主色。当主色确定之后，就开始根据商品所要营造的氛围和针对商品的营销目的，来配合主色选择搭配色；最后便是确定如何搭配。众多的色彩在设计者的手中变成了一幅幅帮助店铺引流、促销、售卖的广告图。

2.4 跨境电子商务视觉营销中的色彩应用

在跨境电商平台中，除上述内容所讲到的色彩搭配的基本原理外，还要考虑到商品目标客户所在国家或地区的文化和颜色使用习惯。

1. 阿根廷

在阿根廷黑色、紫色和紫褐色应避免使用，流行的包装颜色是黄色、绿色和红色。如图 2-22 所示阿根廷小镇。

图 2-22 阿根廷小镇

2. 挪威

挪威冬季漫长，在颜色的使用上更偏爱鲜明的颜色，特别是红色、蓝色、绿色。挪威人毫不掩饰在衣物方面对于红色的热爱，如女孩的大衣、儿童的滑雪衫或男士毡帽的镶边全是红色。如图 2-23 所示挪威小镇。

图 2-23　挪威小镇

3. 爱尔兰

爱尔兰人喜爱绿色，忌用红色、白色、蓝色组合（英国国旗的颜色），爱尔兰国旗是由绿色、白色、橙色三个相等的垂直长方形构成的。国旗左边为绿色，右边为橙色，白色居中。绿色代表天主教派，橙色代表新教派，白色象征希望。爱尔兰邮政总局是一座具有历史意义的建筑物。每年 3 月 17 日爱尔兰国庆日时，都要在这座高大的花岗石大楼里举行庆祝活动，在屋顶上升起绿、白、橙三色国旗。如图 2-24 所示爱尔兰建筑。

图 2-24　爱尔兰建筑

4.希腊

希腊人喜爱蓝色、白色相配及颜色鲜明的色彩，如大黄色、绿色、蓝色等，禁忌黑色。如图 2-25 所示希腊建筑。

图 2-25 希腊建筑

以上这些颜色的使用场景，都是各个国家自己特有的文化特色和历史背景造成的，商家应该提前做好相应的准备工作，避免出现误会，影响商品销售。

🔧 本章小结

本章从跨境电商视觉营销的色彩设计环节入手，首先介绍了色彩的基本属性，即色光三原色和色料三原色；其次分别对色彩设计中常用到的几个主色进行分析，阐明其分别代表的意义和给人带来的心理暗示与感受；再次对商品设计中的色彩搭配和搭配技巧加以说明；最后强调在跨境电商的实际应用中，色彩设计还应尊重不同国家或地区民族的文化历史习惯，避免出现偏差误会，影响销售和声誉。

第 章

3

商品拍摄

　　在跨境电商中，商品图片作为视觉营销的重要元素之一，可以直观地把商品展示给消费者。掌握商品的拍摄技巧，才能够把商品的形状、结构、性能、色彩和用途等特点凸显出来，引起顾客的购买欲望，进而促进交易。

知识目标

1. 了解相机的种类和相关配置信息；

2. 了解相片曝光的三个关键条件：光圈、快门和感光度；

3. 了解硬光和柔光的含义及其适用场景；

4. 了解商品陈列常用的背景图片类型；

5. 了解不同类型商品的常用展示角度。

精彩图片

能力目标

1. 能够使用相机拍摄出高质量的商品图片；

2. 学会使用拍摄中常用到的几种灯具及附件；

3. 掌握布光拍摄的方法和技巧；

4. 掌握商品拍摄的取景和构图方法。

3.1 商品拍摄基础知识

图片对于跨境电子商务视觉营销具有非常重要的作用，那么，怎样才能拍摄和设计出高质量的图片呢？这就需要先了解一下拍摄过程中经常使用的设备。

3.1.1 相机分类

拍摄图片，相机是必不可少的，常见的相机有拍照手机（见图3-1）、卡片机（见图3-2）、无反相机（见图3-3）和单反相机。

图3-1　拍照手机

图3-2　卡片机　　　　　　　　　　图3-3　无反相机

虽说不同相机的名称和外形各有差异，但基本的成像原理是相同的，接下来重点介绍最便捷的手机和最复杂的单反相机的基础性能。

1. 手机

随着智能手机的普及，手机的拍照质量越来越高，有些手机机型的性能甚至已经高于卡片机，这让手机摄影的使用范围越来越广泛，如图3-4所示。

图3-4　手机拍摄

手机的拍摄界面主要分为取景、设置和拍摄三个区域，不同品牌的手机，其拍摄界面基本相同，一般情况下手机会默认设置为全自动，拍摄时只要找到好的光线，调整画面构图即可。

2. 单反相机

单反相机全称为单镜头反光式取景照相机（Single Lens Reflex Camera，SLR Camera），单反相机有着非常复杂的系统，它是指用单镜头并且光线通过此镜头照射到反光镜上，通过反光取景的相机，如图 3-5 所示。市场上常见的品牌有佳能（Canon）、尼康（Nikon）、索尼（SONY）、宾得（PENTAX）、徕卡（Leica）、哈苏（Hasselblad）等，如图 3-6 所示。

图 3-5　单反相机示意图一

图 3-6　单反相机示意图二

单反相机在取景和拍摄时共用一个镜头，所以又称单镜头反光相机。在相机制作工艺尚未成熟的时候，拍摄使用的相机都是双镜头反光镜取景相机，即取景一个镜头，拍摄一个镜头，两个镜头在工作时联动来完成拍摄，现在这种相机更多地被用来收藏和装饰。

3. 相机间的不同点

手机、单反相机和卡片机主要的不同点如下。

（1）取景方式

手机和单反相机可以直接用肉眼实时地看到被拍摄的场景，而卡片机是镜头接收到光线后，经由感光元件转换为数字信号再由液晶屏幕显示画面，所以在晃动卡片机屏幕时，画面会出现果冻效应和些许的延迟。

（2）镜头

单反相机和微单相机可以根据拍摄场景的变化换成当时最适合的镜头，如图 3-7 所示。手机等拍照设备只能固定使用一个镜头，有的卡片机可以通过变焦的方式来改变视角，但由于镜头体积和价格的限制，拍出的图片很难达到与单反相机一样的拍摄效果。

图 3-7　单反相机镜头

（3）感光元件尺寸

照相机的数码化，是指感光材料由胶卷变成数码感光元件。单反相机的感光元件的尺寸会比手机、微单、卡片机大很多，现在市面上的消费级数码相机的感光传感器主要有 CCD 和 CMOS 两种，尺寸分为 2/3 英寸、1/1.8 英寸、1/2.7 英寸和 1/2.3 英寸等几种。传感器尺寸越大，感光面积越大，成像效果越好，如图 3-8 所示。

图 3-8　感光元件

在相同技术水平下，同样尺寸的感光元件，像素越大，画质就会越差。当影像传感器尺寸相同时，像素越高，像素间距和感光点就越小，所获得的信息量也会减少。如果增加电信号，则会增加噪点，噪点的程度和动态范围的大小也会因像素间距的不同而有所变化。

在跨境电商领域，图片的长边尺寸一般不会超过 1 920px（即像素），1 000 万像素的相机拍摄图片的长和宽一般是 3 672px×2 754px，而现在的手机像素为 800 万到 2 000 万像素之间，所以如果像素不足，可以配备适宜的感光元件，如图 3-9 所示。

图 3-9　相机镜头

3.1.2　会说话的镜头

镜头是单反相机十分重要的一个组成部件，它的好坏直接影响到拍摄成像的质量。同时镜头也是区分相机种类和档次的标准，根据镜头可以把相机划分为专业相机、准专业相机和普通相机。

1. 焦段

镜头的焦段是指变焦镜头焦距的变化范围。焦段分为标准焦段、比标准焦段长的长焦和比标准焦段短的广角。

在单反系统里，50mm 焦段的镜头被称作标准焦段镜头，从相机取景框里看到的场景和裸眼看到的实际场景距离感差不多，如图 3-10 所示。比 50mm 数字小的广角镜头可以看到更多的画面，如平时使用的手机镜头是 30mm 左右的广角镜头，如图 3-11 所示。比 50mm 数字大的长焦镜头从视觉上看就是把远处的场景拉近，就像望远镜一样，如图 3-12 所示。

图 3-10　标准焦段镜头拍摄场景

图 3-11　广角镜头拍摄场景

图 3-12　长焦镜头拍摄场景

　　为了方便使用和携带，厂商把镜头做成了可以改变焦段的变焦镜头。除了变焦镜头外，还有单一焦段的定焦镜头，对定焦镜头来说，想要改变拍摄对象的远近只能靠摄影者改变自身的位置来实现。

2. 光圈

镜头的光圈可分为恒定光圈和可变光圈。恒定光圈镜头的光圈不会随着焦距的变化而变化，它可以在变焦的全过程中保持在同一个 F 值上；可变光圈的镜头在变焦的同时，光圈也会随之发生变化，即焦段越长光圈越小，如图 3-13 所示。

图 3-13　可变光圈镜头

3. M/A 转换按钮

M/A 转换按钮，作用是切换手动对焦和相机自动对焦。

4. 特有标识

标识是某些镜头上面独有的，例如尼康生产的 70 ~ 200mm 镜头，如图 3-14 所示。

图 3-14　尼康 70 ~ 200mm 镜头

VR：Vibration Reduction，光学防抖，可降低三挡快门速度。

ED：超低色散镜片。

AF-S：超声波马达。

3.1.3　认识灯具及附件

在用相机拍摄图片的时候，需要选择使用合适的光源才能达到期望的效果。除了专业的影棚灯光外，所有可发光物体都可以作为摄影的光源来使用。

1. 灯具

（1）相机内置闪光灯

相机内置闪光灯就是相机本身自带的闪光灯，一般亮度比较低，也叫机载闪光灯。内置闪光灯照明的有效距离十分有限，只有 2.5 ～ 3.5 米，如图 3-15 所示。

图 3-15　相机内置闪光灯

优势：方便，和相机融为一体。

劣势：闪光指数低，闪光角度不可调节。一般用来临时补光和救急。

（2）相机外置闪光灯

外置闪光灯在室内不仅可以达到补光的目的，也可以让光线更加柔和地洒在被拍摄的人或物上；而在室外，外置闪光灯的作用更多时候是可以打亮更远的目标，如图 3-16 所示。

优势：便携，闪光指数和闪光角度均可调节，闪光模式多，可以实现多灯联动。

劣势：闪光指数较低，附件配置可选择性少。

（3）影棚闪光灯

影棚闪光灯是摄影室内使用的人造光源。影棚闪光灯利用高压大电流通过氙气灯管瞬间（1/800 秒到 1/2000 秒的时间内）放电发出强闪光。闪光灯管呈圆环形，在灯头中间有造型灯泡，用于模拟闪光效果和方便对焦，但不参与闪光，如图3-17所示。

图 3-16 相机外置闪光灯

图 3-17 影棚闪光灯

优势：闪光指数高，摄影附件众多，如柔光箱、柔光伞、雷达罩等，可以任意组合，用来执行创意拍摄。

劣势：体积庞大，价格昂贵，需要另外携带电池系统或电源线。

2. 灯具附件

专业的商品摄影使用的一般都是影棚灯光，影棚灯光要实现不同的拍摄效果，需要不同的附件来改变光源的属性，其中最常见的有以下几种。

（1）标准罩

标准罩内部有银色的反光颗粒，能够使光线在灯罩内实现漫反射，输出的光源较硬，如图 3-18 所示。

图 3-18　标准罩

（2）柔光箱

柔光箱是由反光布、柔光布、钢丝架和卡口组成的。形状有方形或八角形，尺寸规格较多，小到 40cm，大到 2m 多，可以柔化生硬的光线，使光质变得更加柔和，如图 3-19 所示。其原理是在普通光源的基础上通过一两层的扩散，使原有光线的照射范围变得更广从而消除照片上的光斑和阴影。

图 3-19　柔光箱

（3）反光伞

反光伞是一种专用的反光工具，不同的颜色可以发挥不同的作用，如图3-20所示。银色和白色的伞面，不会改变闪光灯光线的色温；金色的伞面，可以使闪光灯光线的色温适当降低；蓝色的伞面，能够使闪光灯光线的色温适当提高。在闪光摄影中，常采用白色或银色的反光伞。

图 3-20　反光伞

（4）柔光伞

柔光伞是在摄影灯具前加装一把白色半透明的伞，如图 3-21 所示，目的是使影棚灯光产生的光线更柔和。柔光伞离灯泡越近，柔光效果越弱，反之则越强。相比柔光箱，柔光伞更便于携带。

图 3-21　柔光伞

（5）雷达罩

雷达罩类似于大一号的标准罩，其结构基本和标准罩相同，但是照射面积比标准罩要大，如图 3-22 所示。

图 3-22　雷达罩

（6）蜂巢

蜂巢状铁板简称为蜂巢，如图 3-23 所示，主要用于管束光线，让光线更硬，减少散射光，加强方向性，会出现更深的阴影。

图 3-23　蜂巢

（7）四页挡板

四页挡板由四片可以改变方向的板组成，可以任意遮挡其中一部分光线，如图 3-24 所示。

（8）束光桶

束光桶相当于小号的蜂巢，可以使光源汇聚在极小的范围之内，常用来拍摄一些特殊的艺术效果，如图 3-25 所示。

图 3-24　四页挡板

图 3-25　束光桶

（9）反光板

反光板是由锡箔纸、白布、米菠萝等材料制成的，如图 3-26 所示。反光板在外景拍摄时起到辅助照明的作用，不同的反光表面，可产生软硬不同的光线。若是只用来拍摄比较小的商品或场景，可以在文具店购买白色的衬纸，在其中一面粘贴银色纸或铝箔，可分为银反光板、白反光板使用。常用的是银反光板，如果试用时反光效果较强，可以使用白反光板。

（10）无线引闪器

无线引闪器的作用是让照相机的快门和影棚灯光联动起来，在按快门的瞬间发出信号，使闪光灯同步闪光，如图 3-27 所示。

图3-26　反光板

图3-27　无线引闪器

（11）背景纸

背景纸是摄影器材之一，可用于拍摄各种物体，它的作用是给所拍摄的物体背面加上背景，可以是白色的，也可以是其他颜色或是风景等，具体可根据拍摄者需要达成的效果进行选择，如图3-28所示。

（12）灯架

灯架主要用于支撑影棚闪光灯，保证灯照的平衡性，如图3-29所示。

图 3-28　背景纸

图 3-29　灯架

3.1.4　如何拍一张好照片

拍摄一张精美的照片最重要的是要掌握照片的曝光，而影响照片曝光的关键要素有光圈、快门和感光度。这三个要素相互配合，才能拍摄出曝光正常的照片。

1. 光圈

在镜头中，光圈是镜头的焦距／镜头通光直径得出的相对值（相对孔径的倒数），如图 3-30 所示。光圈用字母 F 表示，F 值越小，光圈开的孔径越大。即 F 值越小，光圈越大；F 值越大，光圈越小。

图 3-30　光圈大小

对于光圈来说，光圈越大（数值越小）进光量越大，这样就需要更快的快门速度，避免拍摄对象虚化。大的光圈可以虚化背景，在摄影里面叫"景深"，景深越浅背景虚化能力越强。浅景深能把拍摄对象从背景中分离出来，降低识别成本，让主体更加突出；反之，较深的景深可以将商品展示得更加清楚。

2. 快门

快门在相机的中部位置，如图 3-31 所示。它是摄像器材中用来控制光线照射感光元件时间的装置，简单来说快门速度就是打开成像光路的时间。单反相机的快门分为两挡，轻轻按下去会发出"嘀嘀"的对焦声并且自动对焦，紧接着再按快门键，就完成了一张照片的拍摄。

图 3-31　相机快门

快门速度快可以拍摄到凝固动态的画面。如图 3-32 所示创意光绘画面。但是，如果拍摄速度较快，光线就需要足够强，以保证单位时间内感光元件能够接收到足够的光。如果快门速度较慢，可以让光有更多时间进入感光元件，就能得到更明亮的画面，但是也会受人的呼吸、肌肉的影响而增加画面拍虚的概率，这时就需要三脚架来固定相机配合拍摄。

图 3-32　创意光绘画面

为了防止照片虚化，需要把相机的快门速度设置到安全的快门速度范围以内，安全快门通常是指正在使用镜头的焦段的倒数，例如，200mm 焦段的镜头，安全快门就是 1/200 秒；50mm 焦段的镜头，安全快门就是 1/50 秒。另外，专业的拍摄姿势有助于稳定相机，拍摄出清晰的照片。

3. 感光度

数码相机的感光度是一种类似于胶卷感光度的指标，可以激发感光元件的潜力，让感光元件能力更强。提高感光元件的感光度（ISO）可以增加在暗光条件下的拍摄亮度，但是持续增加 ISO 会导致画面的噪点增多，如图 3-33 所示不同感光度下拍摄图片对比。

图 3-33　不同感光度下拍摄图片对比

综上所述，光圈、快门、感光度共同决定了一张照片的曝光，三者呈互补关系，也被称为"三角关系"。其中，光圈和快门是直接的机械结构，感光度是数码相机处理器对光线的敏感程度，这是所有相机的基础结构。

在跨境电商领域里，需要拍摄的商品（如食品、日用品等），大多是静物，在拍摄的过程当中，通过光圈、快门、感光度这三个数值的不断组合，可以获得理想的照片。

3.2 布光

3.2.1 光的分类

不同的光源通过添加不同的附件或改变光源的位置都可以得到不同性质的光，这些光可以分为"柔光"和"硬光"。

所谓硬光，是指那些能够在景物表面产生明暗对比的阴影光线，由于光源没有进入阴影部分，造成阴影边缘界线非常分明，如图3-34所示。而"柔光"则与"硬光"相反，是指那些不会在景物表面产生明显明暗对比的光线形式，拍摄出的照片较为柔和，如图3-35所示。

图3-34　硬光

图 3-35　柔光

　　能够实现"硬光"的摄影附件有不加任何附件的影棚灯、标准罩、雷达罩、银色反光伞、蜂巢和束光桶等。

　　能够实现"柔光"的摄影附件有柔光箱、柔光伞和硫酸纸等。

　　拍摄不同的商品需要不同的表现方法。硬光适用于一些拥有独特个性或气质、偏男性或中性的商品的拍摄，如男装、食品、电器、3C 商品等，如图 3-36 所示。

图 3-36　硬光拍摄图

　　柔光则更适合那些让人感觉温柔、恬美、有安全感的商品的拍摄，如母婴、家纺、甜美风格的女装等，如图 3-37 所示。

图 3-37　柔光拍摄图

3.2.2　常见的布光方法

不同的摄影附件可以改变光源的性质和照射面积。在实际拍摄商品时，通过各种光线的组合来达到预期的拍摄效果，这就是摄影中的布光，如图 3-38 所示。

图 3-38　拍摄现场布光

在一个拍摄场景当中，起主要作用的一个光源称为主光，其他若干个辅助补光的光源称为辅光。在拍摄过程中，布光的原则是叠加，就是把各种光源一个一个叠加起来构成复杂的灯光系统。布光首先从单灯开始，布置好主要光源的位置和大小，然后再根据商品的特性和拍摄要求增加辅助光源。

布光的方法有很多种，不同的光线会给人不同的感受，其最基本的原理就是模拟自然界中人们对于光的认识。下文将展示几种常用的布光方法，以及它们给人带来的感受。

1. 伦勃朗光

伦勃朗光基本光效是在人物正脸部分形成一个三角形的光斑，故又称三角光，如图 3-39 所示。它缘起于文艺复兴时期荷兰著名画家伦勃朗所画的油画，分别是由眉骨、鼻梁的投影及颧骨暗区包围形成的。此光线能够营造出强烈的明暗对比，适用于一些风格比较硬朗，拥有自身独特风格的商品，画面层次丰富，富有戏剧性。如图 3-40 所示为伦勃朗光拍摄效果图。

图 3-39　伦勃朗光

图 3-40　伦勃朗光拍摄效果

2. 蝴蝶光（派拉蒙光）

蝴蝶光的布光方式是主光源在镜头的上方，也就是在被拍摄者面部的正前方，由上向下 45°方向投射到人物的面部（如图 3-41 所示），投射出鼻子下方的如同蝴蝶形状的阴影，使人物面部产生一定的层次感。蝴蝶光的重点在于灯位的高度与远近，如果光源过高或者距离商品太近会造成商品上的阴影过重，影响拍摄效果，如图3-42所示为蝴蝶光拍摄效果图。

图 3-41　蝴蝶光

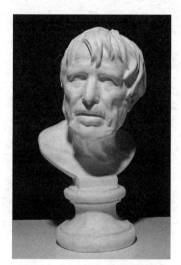

图 3-42　蝴蝶光拍摄效果

3. 鳄鱼光

鳄鱼光又叫美女光，其布光方式是从竖起来的两个柔光箱的中间去进行拍摄，如图3-43所示。鳄鱼光一般适合拍摄比较柔美的女性，会使其眼神更加有神，故这种布光方式受到不少摄影师和玩家的青睐。鳄鱼光是在蝴蝶光基础上演绎而来的一种布光方式，它使人物面部得到柔美均匀的光照，又在脸颊两侧产生淡淡的阴影，从而使人物更具立体感，如图3-44所示为鳄鱼光拍摄效果图。

用鳄鱼光拍摄时需要注意两点：一是人物两侧加上反光板减小光比，使光线过渡更加自然；二是人物应该站立于两灯光线映射在平面的垂直交点附近。在商品摄影中，可以延展到左右布光的柔光箱，注意调整好两盏灯的光比。

图 3-43　鳄鱼光

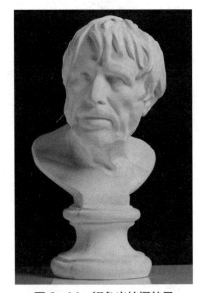

图 3-44　鳄鱼光拍摄效果

4. 轮廓光

轮廓光是指在被摄体上能够勾勒出物体形状的光线，是对着照相机的方向照射产生的逆光效果，通常比背景亮，亮度也超过主光，如图 3-45 所示。轮廓光能够达到勾画轮廓的作用，在主体和背景影调重叠的情况下（如主体暗，背景亦暗），轮廓光可以分离主体和背景。在用人工光照明中，轮廓光经常和主光辅光配合使用，使画面影调层次富于变化，增加画面形式美感。轮廓光的拍摄效果如图 3-46 所示。

轮廓光具有以下明显特征和造型优势。

① 强调空间深度，增强远近物体的层次关系。

② 容易区分被摄体与环境、背景的关系。

图3-45　轮廓光

图3-46　轮廓光拍摄效果

③形成被摄体与被摄体相互间的地位感。

④形成浓郁的现场气氛。

⑤反映透明、半透明物体的属性。

很少用轮廓光来单独做主光，一般是和其他光源配合使用达到预期拍摄的效果。

不管是伦布朗光、蝴蝶光，还是鳄鱼光、轮廓光，都是让灯光围绕主体做圆周运动。不同角度的布光，从本质上可以看作是人造灯光对一天中太阳不同位置的光线的模拟，所以自然之美才是最真实的美。

理论上从位置和光的属性来看，布光有无数种组合，但在实际拍摄过程中，可以使用的组合是有限度的。需要特别注意的是，在布光中灯光位置一般不要低于人眼的高度，因为太阳永远不会出现在低于人眼的位置，否则拍摄的图片会十分不美观。

3.2.3　布光拍摄准备工作与技巧

随着电子商务的日益普及，电商平台上商品类目也与日俱增，在拍摄时会遇到各种材质的商品，其中一些特殊材质如玻璃、金属、丝绸等就需要对布光进行更加精细的调整，从而体现出商品本身独特的魅力。

电商商品品类众多，下面将选取其中比较有代表性的几类商品，根据电商平台对图片的具体要求，下面对拍摄时的准备工作和技巧进行详细的讲解。

1. 需要有对称光影的商品

这类商品大多数分布在透明或不透明的器皿中，如饮料、酒类等类目，这些商品在拍摄时往往需要有两个白色的高光或黑色的线条分布在商品的左右两侧，起到勾画商品轮廓和增加商品质感的作用，如图 3-47 所示。

图 3-47　光影效果

在图 3-47 中白色的高光为柔光箱的倒影。柔光箱与反光伞、雷达罩相比，除了正常的照明作用以外还有塑造矩形光条的作用。在拍摄中，需要把柔光箱根据商品需要摆放在商品的左右两侧来布光，也可以在背景或顶部布光，具体根据拍摄者意向进行布光。

那么商品左右两边的黑色勾边又是怎么拍出来的呢？其实在拍摄的时候只需要

在商品侧方偏后的位置放置两张黑色的卡纸，就会反射卡纸的影子，看起来就像是黑色的勾边，还可以通过调整卡纸的位置来调整黑色勾边的位置和角度，使主体突出、增加商品体积感。

2. 需要有漂亮光斑的商品

此类多用于化妆品模特、珠宝或金属制品的拍摄中。在选择模特拍摄时，光斑会出现在模特的瞳孔中，称为"眼神光"，会增强模特的精神面貌。一般会用到的配件有四角或八角柔光箱、雷达罩和环形闪光灯等，调整拍摄角度让模特的瞳孔能够反射到灯光器材的倒影。

在拍摄珠宝商品时，光斑主要用来表现珠宝的光泽。布光时可以在影棚灯光照射不到的地方放置一张白纸或一面镜子来增加反光面，使珠宝看起来更加晶莹剔透，如图 3-48 所示。其他金属类商品的拍摄与此类似，影棚灯配合相应形状的附件，调整拍摄角度，使商品表面上出现漂亮的光斑，体现出商品的质感。

图 3-48　光斑效果

3. 需要避免商品表面反光的商品

前两种布光方法，都是利用影棚灯光的各种附件使得光线产生了形状上的变化，反映到商品上就是各种形状和位置的变化。但是，有些商品是不需要有光斑存在的，此时应该怎样拍摄呢？

在自然界中，当夏天的中午天空中没有云彩时，将一件金属反光的商品暴露在阳光下，金属商品上就会倒映出太阳的光斑；当云彩飘过来遮住太阳时，金属商品上的光斑就会消失。同样，在影棚布光的时候，可以人为地制造一朵"乌云"来遮住影棚灯光,那么反光商品上的光斑就自然会消失,无光斑效果如图 3-49 所示。这里的"乌云"可以用柔光板、硫酸纸等半透光的材料来实现。

图 3-49　无光斑效果

4. 需要表现商品表面纹理的商品

像皮革、麻布这类表面凹凸不平、有细致纹理的商品,如果拍摄不当,会把商品表面拍摄得很平滑,消费者完全看不到商品表面应有的质感。

这种效果产生的原因是拍摄时使用的光线太柔和,柔和的光线过滤掉了一些阴影,那么拍摄后商品表面看起来就会变得很平。这时候就需要把摄影附件换成雷达罩或标准罩,从而把影棚灯光变硬,这样拍摄出来商品表面的纹理就会看起来很清晰,让消费者有身临其境的感觉,如图 3-50 所示。

图 3-50　纹理清晰

5. 需要设计师后期抠图的商品

在电商环境中，还有很多拍摄只是拿来作为商品的设计素材使用，是需要设计师作后期抠图设计的，那么这类商品拍摄时就要注意以下几点。

（1）不要选择和商品颜色相近的颜色做背景

目前设计师所用的抠图软件，基本都是利用商品和背景的差异来找到商品的边缘进行抠图。如果使用和商品相同颜色的背景，会很难判断商品的边缘，从而增加抠图的难度，如图 3-51 所示。

图 3-51　背景与商品颜色相近

（2）尽量使用纯色背景

实景拍摄的图片是无法用设计软件中的工具统一选择的，必须人工手动抠图，这将会大大增加抠图的难度、延长抠图的时间，而纯色背景则会很好地解决这个难题，如图 3-52 所示。

（3）拍摄商品时注意控制景深

控制景深，目的在于使整个商品都能清晰地呈现在画面中。在拍摄过程中，如果景深太浅，在图像中视觉上看商品的后半部分就是被虚化的，后期抠图时就很难捕捉到边缘，即使强行合成到其他背景中也会显得非常的不自然。因此，在商品拍摄时要尽量使用"广角＋小光圈"的拍摄方法，以保证画面中的商品从前方到后方全部清晰，便于后期抠图使用，如图 3-53 所示。

图 3-52　纯色背景下的商品

图 3-53　主体清晰衬托物虚化

（4）让背景过曝，以达到抠图后的效果

在电商展示页面中，有些商品是需要用纯白色背景来展示的，但在实际拍摄时，即使商品的背景是白色，也会由于前后光比的原因，导致拍摄出来的背景呈现出灰白色。此时可以在 PVC 背景板后面布置一盏灯，并且调到相应的亮度，使得背景完全过曝，这样就会得到一副纯白色背景的图片了，如图 3-54 所示。但需注意，这样的布光方法不适合用在透明或半透明的商品拍摄。

图 3-54　背景过度曝光

以上几点基本包含了电商领域拍摄商品时会遇到的大部分问题，在具体拍摄过程中还应该举一反三，这样才能拍出消费者喜欢的照片，进一步提高消费者购买的可能性。

3.3　构图

在视觉营销的广告或拍摄画面中，构图是表现作品内容的重要因素，它是确定并组织元素以产生和谐照片的过程。

构图来自西方，在中国更习惯称其为布局。无论怎么称呼，它们都是研究在一个平面上处理好三维空间——高、宽、深之间的关系，目的是突出主题，增强艺术感染力。构图处理是否得当、是否新颖、是否简洁，对电商广告作品的成败影响很大。

3.3.1　取景与构图

1. 取景

拍摄时需要选取景物作为对象，一般分为七种，包括大远景、远景、全景、中景、近景、特写和大特写。按景象的距离取景可分为远景、近景和特写；按摄像机取景可分为运动取景、肖像取景、群像取景、静物取景、空镜头和不规则取景。

（1）取景的类型

① 远景

远景具有深远、宽阔的视野。通常用来展示事件发生的时间、环境、规模和气氛等，主要表现地理环境、自然风貌和开阔的场景或场面。远景画面还可分为大远景和远景两类，其中大远景主要用来表现辽阔、深远的背景和渺茫宏大的自然景观，如图 3-55 所示。

远景拍摄需要注意尽量不要用顺光，而要选择侧光或侧逆光以形成画面层次，表现空气透视效果。还需要注意画面远处的景物线条透视和影调明暗，尽量避免画面的平板、单调乏味和缺乏层次感。

② 全景

全景，它给人们带来全新的真实现场感和交互式的感受，一般表现人物全身形象或某一具体场景全貌的画面，拍摄全景时需要注意的是空间深度的表达，以及主体轮廓线条、形状的特征化反映，而且还需要着重于环境的渲染和烘托，如图 3-56 所示。

图 3-55　远景效果图

图 3-56　全景效果图

③ 中景

中景是主体大部分出现的画面，可以加深画面的纵深感，能够表现出一定的环境和气氛。中景的分切一定程度上破坏了该物体完整的形态和力的分布，但是内部结构线则相对清晰，成为画面结构的主要线条，如图 3-57 所示。

在拍摄中景时场面调度要富于变化，建议构图新颖。从拍摄人物角度分析，中景是表现成年人膝盖以上部分或场景局部的画面，能看清人物半身的形体动作或情绪交流，如图 3-58 所示。

图 3-57　中景效果图　　　　　　图 3-58　中景人物效果图

④ 近景

近景常用于突出表现物体的某个细节，或者表现人物面部神态和情绪、刻画人物性格，如图 3-59 所示。近景拍摄将内容更加集中到主体，可以充分表现人物或物体富有意义的局部。因此，近景是将人物或被摄主体推向观众眼前的一种景别。

图 3-59 近景效果图

在近景拍摄时需要注意画面形象的真实感和生动感。近景构图时建议把主体安排在画面结构的中心，背景配图尽量简洁，避免庞杂无序的背景分散视觉注意力。

⑤ 特写

特写是局部的刻画人物或事物的景别处理方法。一般常用于表现局部放大物体的某个细节点，或表现人物的面部、一个局部的镜头。特写画面内容虽然比较单一，但可以起到放大形象、强化内容、突出细节等作用，会带来一种预期和探索用意的感觉，如图 3-60 所示。

图 3-60 特写效果图

（2）取景的注意事项

① 主体左右的内容

拍摄一张合格的照片，首先取景时左右景物的复杂程度尽量相近，尽量避免一边景物占照片整体比重过大，另一边景物却过于稀少的现象出现。

② 人物位置

当拍摄有人物的照片时，取景时一般建议让人物在照片中的左侧或右侧，在路上拍摄时人物可以在画面中间，这样拍出的整体结构比较协调。

③ 前景后景

在取景拍摄时，可以加入一些有趣的前景，表现出一种悄悄拍摄的感觉，呈现的照片更加生动和有趣，如图 3-61 所示。

图 3-61　前景效果图

④ 照片比例

不论主景位于构图的左右、上下，或者对角线，其内容尽量要对称而且丰富，避免画面杂乱无章或取景过于复杂。

2. 构图

构图的方法多种多样，但在跨境电商领域中，常用的构图方法主要有三种，分别是井字构图法、平衡构图法和斜线构图法。

（1）井字构图法

井字构图也称为九宫格构图、三分法构图。在井字构图法中，摄影师需要将场景用两条竖线和两条横线进行分割，形成一个"井"字。这样就可以得到四个交叉点，即主体的最佳位置，择一即可，如图 3-62 所示。

图 3-62　井字构图

井字构图法是在电商环境中使用频率较高的一种构图方法，因为在井字构图中，商品总会偏向画面的一侧，这较为符合人们的视觉习惯。在真实场景拍摄当中，井字构图法也能很好地交代出环境的特征，辅助商品营造氛围，同时也给后期添加文字预留出了足够的空间。

（2）平衡构图法

平衡构图是摄影构图中常用的形式之一，其画面通常没有主次之分，但结构完整，安排巧妙，画面左右平衡，给人以对称的感觉。

所谓平衡，并不是指画面中的商品形状、数量、大小、排列的对称，而是指视觉和画面上的稳定。如同样的配饰，若颜色明度很低，那么就应该适当减少其在画面中所占的比例；若颜色明度很高，就可以扩大它在画面中的比例以达到画面的整体画面平衡。平衡构图效果如图 3-63 所示。

（3）斜线构图法

斜线构图可分为立式斜垂线和平式斜横线两种。常表现运动、流动、倾斜、动荡、紧张、危险、一泻千里等场面，也有的画面利用斜线指出特定的物体，起到一个固定导向的作用，如图 3-64 所示。

　　斜线构图法能够非常好地表现出空间物体的透视关系和纵深感，在商品拍摄中一般用来表现运动、有动感的场景，也用来表现一些浪漫的、打破常规的感情。

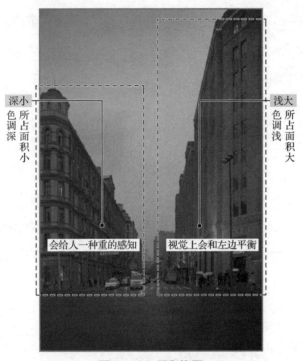

深小　所占面积小
色调深

会给人一种重的感知

浅大　所占面积大
色调浅

视觉上会和左边平衡

图 3-63　平衡构图

图 3-64　斜线构图

3.3.2　商品陈列拍摄构图技巧

商品陈列是指以商品为主体,运用一定的艺术方法和技巧,借助道具,将商品有规律地组合、摆放,以突出商品的材质、特点,展示商品的功能、优势等。在拍摄时合理地陈列商品可以起到突出主体、烘托氛围、刺激购买欲的作用。

在跨境电商平台中,可以将商品图片分为纯色背景图片和实景图片。下面就详细讲解这两种图片类型下的商品陈列。

1. 纯色背景构图

纯色背景构图是指图片背景中没有任何的装饰物品和修饰,在单一的颜色下展示商品的拍摄风格。这种风格的图片通常都是居中构图,画面简单明了,能够直观展示商品信息。纯色背景的优势是不仅可以突出商品,而且细节明了、清晰,商品的材质属性也可以更好地展示,使整个店铺的风格看起来非常协调统一。

这种纯色背景构图表现形式一般用来展示对造型没有太多展现诉求的商品,比如 U 盘、电脑、各种家用电器、基础款的服装等,如图 3-65 所示。

图 3-65　纯色背景下商品展示

2. 实景拍摄构图

实景拍摄构图指把商品放置在一个现有的实景里拍摄。实景的选择一般会根据商品本身的属性进行构图和搭配,实景拍摄的图片会有很强的代入感,让人有身临其境的感觉,能够营造出较好的购物氛围。

实景拍摄一般常用于一些有自身独特风格或需要场景化营销的商品，例如民族风格的服装、食品或居家的创意饰品等，如图 3-66 所示。

图 3-66　实景拍摄效果图

在实景拍摄中比较重要的是搭建一个适合商品风格的实景，这需要遵循以下几个原则。

（1）按照相同材质

在搭配拍摄场景时，选择搭配的实物最好和拍摄商品的材质相同或相近，例如拍摄纯天然食品，在搭配拍摄时就要选择天然的配饰，如树干、树叶等，如图 3-67 所示。

图 3-67　商品与背景性质相近

（2）按照商品的相关性

选择配饰的时候也尽可能地选择和商品的风格、情感、功能有关联的配饰。例如拍摄中式风格的衣服，可以选择竹林、海边、白砖墙作为搭配背景，如图3-68所示。

图 3-68　商品与背景风格统一

纯色背景图可以展示商品的材质和细节，实景图可以展示商品的风格和意境，这两种风格各有利弊、互相补充。目前大部分的店铺都会把这两种风格结合在一起使用，让消费者对商品产生强烈的信任感，并购买商品。

3.3.3　电商商品拍摄时常用的展示角度

除了使图片美观有吸引力外，电商商品摄影的主要目的是让买家能够清晰正确地了解商家的商品，从而促进销售。

其实，这和消费者在实体店购买商品的诉求是相同的。消费者在实体店购买商品的时候，会拿起商品感受材质和细节，试用其功能，然后再决定是否购买；而在电商环境下，消费者触摸不到商品，只能从图片中获取关于商品的全部信息，这就对商品拍摄时的展示角度有了更高的要求。

由于电商商品的类目繁多，在此只挑选三类商品拍摄时的展示角度进行分析。

1. 服装

服装展示一般都会用到模特或假模。拍摄时常用的角度有模特的正面、正面45°角、侧面、背面，需要展示的细节包括领口、袖口、口袋、帽子、扎线、特殊设计等，如图 3-69 所示。

图 3-69　服装展示角度

2. 日常用品

日常用品是指各种日用品、装饰、模型等不需要说明就可以了解如何使用的商品。拍摄时常用的角度有正面、45°角、侧面、背面，即常说的四视图，部分商品还需要展示顶面。此外，商品的花纹、样式、结构等影响商品外形的部分也需要展示，如图 3-70 所示。

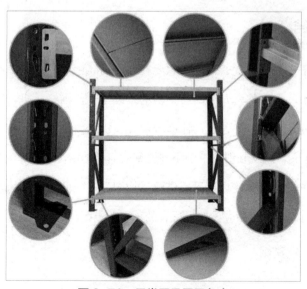

图 3-70　日常用品展示角度

3. 功能类商品

功能类商品一般是指必须通过详细说明并操作才能展示商品用途和功效的商品，如速食食品、调料、菜刀等。这类商品除了展示清楚外形之外，还需要向买家展示商品的使用方法，这时除四视图和商品结构图外，还应该展示该商品的使用方法和使用后的效果，如图 3-71 所示。

图 3-71　功能类商品展示

♠ 本章小结

在跨境电子商务的视觉营销中，想要在众多商品中脱颖而出，就需要拥有过硬的商品拍摄技术。本章首先介绍商品拍摄的基础知识，围绕相机、镜头、光源器材及附件、相片曝光度这四个方面，让读者掌握相机的使用方法和技能；其次讲述了硬光和柔光的含义，以及分别适用于哪种类型的商品拍摄，并将理论与实际相结合，分析了常见的布光方法和技巧；最后讲解"构图"这一商品拍摄的重要环节，结合实例分析了不同类型的商品应该选择适合的陈列背景图片和展示角度。

第 章
4

商品图片处理与美化

在跨境电子商务领域中，为了让拍摄的图片能更好地展示商品的自身特性，以及符合跨境电商平台的商品图片上传要求，需要将拍摄出来的图片进行再加工处理，如商品背景更换、构图优化、图片尺寸及像素调整等。处理和美化图片的工具有很多，其中常用的是 Adobe Photoshop，本章将以 Adobe Photoshop 工具为例进行详细讲解。

知识目标

1. 了解 Adobe Photoshop 的界面；

2. 了解 Adobe Photoshop 常用的操作工具；

3. 了解 Adobe Photoshop 的图片保存格式种类。

精彩图片

能力目标

1. 掌握图片大小和分辨率的修改方法；

2. 掌握 Adobe Photoshop 中选区、修饰、辅助和文字等基本工具的使用方法；

3. 掌握选区、图层、路径、通道和蒙版的使用方法；

4. 掌握选区的编辑与自由变换方法；

5. 培养使用 Adobe Photoshop 对商品的图片进行制作、修改和美化的能力。

4.1 关于 Adobe Photoshop

Adobe Photoshop，简称"PS"，是由 Adobe Systems 开发和发行的图像处理软件，如图 4-1 所示。

Adobe Photoshop 主要处理用像素构成的数字图像。使用其

图 4-1 PS 标识 众多的编修与绘图工具，可以有效地进行图片编辑工作。PS 的

功能涉及图像、图形、文字、视频、出版等多个方面。

4.1.1 Adobe Photoshop 快速入门

1. Adobe Photoshop 的界面

打开 Adobe Photoshop 软件进入操作界面，如图 4-2 所示。

左侧是工具箱调板。可以用左键单击相应的工具栏选择使用工具，进行图片处理操作；单击右键可以进行具体工具选择，如图 4-3 所示。

右侧是窗口菜单调板，如图 4-4 所示。窗口菜单调板可以自由选择添加项，单击顶部菜单栏中的"窗口菜单"按钮，在下拉列表中选择需要的模块完成相应调板的显示或隐藏。

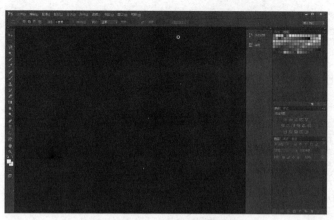

图4-2　PS操作界面

图4-3　工具栏

图4-4　选择需要展示在窗口调板的模块

　　顶部的菜单栏中包含了 Adobe Photoshop 的全部操作，可以根据图片修改的需求进行选择使用，如图4-5所示。

Ps 文件(F) 编辑(E) 图像(I) 图层(L) 文字(Y) 选择(S) 滤镜(T) 视图(V) 窗口(W) 帮助(H)

图4-5　菜单栏

　　菜单栏的下方是属性栏。属性栏显示当前正在使用的工具的属性，如图4-6所示。

图 4-6　属性栏

2. Adobe Photoshop 常用操作

（1）图片的打开方法

图片的打开方法如以下几种。

① 使用"文件"菜单中的"打开"命令。

② 使用快捷键"Ctrl + O"。

③ 双击 Adobe Photoshop 界面的中心。

④ 将需要处理的图片拖动到 Adobe Photoshop 中打开。

⑤ 鼠标右键单击需要处理的图片，选择打开方式为 Adobe Photoshop。

（2）图片的保存方法

Adobe Photoshop 中保存图片的快捷键是"Ctrl + S"，也可使用"文件"菜单中的"保存"命令。根据图片格式的需要，可以将图片保存为"JPEG、PNG、GIF、PSD"等格式，其中"PSD"格式是 Adobe Photoshop 的专用格式，它能保存当前图片处理的所有步骤，方便下次打开继续进行编辑。

（3）历史记录面板的使用方法

图片处理时可能需要反复修改才能获得最佳的效果，偶尔可能会出现操作失误，这时需要返回处理前的图片，在这种情况下可以用到"历史记录"工具，返回操作失误前的图片状态，如图 4-7 所示。

图 4-7　历史记录面板

3. Adobe Photoshop 的使用技巧

（1）前景色和背景色互换

图 4-8 是前景色和背景色的标识，黑色是前景色，白色是背景色，可以按下键盘上的"X"键进行前景色和背景色的互换。

图 4-8　前景色和背景色标识

（2）图片移动操作

当需要将一张图片移动到另一张图片中时，首先在左侧工具栏中选择"缩放"工具，直接用鼠标选中需要移动的图片，拖动至另一张图片中，如图 4-9 所示。

图 4-9　图片移动示例

（3）图片放大缩小

在左侧工具栏选择"缩放"工具，鼠标左键单击图片并左右移动进行图片放大或缩小；也可以按住键盘的"Alt"键，进行放大或缩小的切换。

4.1.2　正确应用文件格式

编辑完成的图片可以根据需求选择不同的文件格式进行保存，如图 4-10 所示。

图 4-10　Adobe Photoshop 图片保存格式的界面

（1）PSD 格式

PSD 格式是 Adobe Photoshop 默认的文件格式，它可以保留文档中的所有图层、蒙版、通道、路径、未栅格化的文字、图层样式等。通常图片保存完成以后，需要将文件另保存一份 PSD 格式，方便后期修改图片。

（2）PSB 格式

PSB 格式是 Adobe Photoshop 的大型文档格式，可支持高达到 300 000 像素的超大图像文件。如果创建一个 2GB 以上的 PSD 文件，可以使用该文件格式进行保存。

（3）BMP 格式

BMP 格式是一种用于 Windows 操作系统的图像格式，主要用于保存图文文件。该格式可以处理 24 位颜色的通道，支持 RGB、位图、灰度和索引模式，但不支持 Alpha 通道。

（4）GIF 格式

GIF 格式俗称"动图"，是基于在网络上传输图像而创建的文件格式。GIF 格式采用 LZW 无损压缩方式，并支持透明背景的动画。

（5）DICOM 格式

DICOM（医学数字成像和通信）格式通常用于传输和存储医学图像，如超声波和扫描图像。DICOM 文件包含图像数据和标头，其中存储了相关病人的医学图像信息。

（6）EPS 格式

EPS 格式是为方便在 PostScript 打印机上输出图像而开发的文件格式，几乎所有的图形、图表和页面排版程序都支持该格式。EPS 格式可以同时包含矢量图形和位图图像，支持 RGB、CMYK、位图、双色调、灰度、索引和 Lab 模式，但不支持 Alpha 通道。

（7）JPEG 格式

JPEG 格式是由联合图像专家组开发的文件格式。它采用有损压缩方式，具有较好的压缩效果，但是将压缩品质数值设置得较大时，会损失掉图像中的某些细节。JPEG 格式支持 RGB、CMYK 和灰度模式，不支持 Alpha 通道。

（8）PCX 格式

PCX 格式采用 RLE 无损压缩方式，支持 24 位、256 色的图像，适合保存索引和线画稿模式的图像。该格式支持 RGB、索引、灰度和位图模式，以及一个颜色通道。

（9）PDF 格式

PDF 格式（便携文档格式）是一种通用的文件格式，支持矢量数据和位图数据，同时具有电子文档搜索和导航功能，是 Adobe Illustrator 和 Adobe Acrobat 的主要文件格式。PDF 格式支持 RGB、CMYK、索引、灰度、位图和 Lab 模式，但不支持 Alpha 通道。

（10）Raw 格式

Raw 格式是一种灵活的文件格式，能支持 Adobe photoshop 的全部信息：α 通道、专色通道、多图层、路径和剪贴路径，它还支持 Adobe photoshop 使用的任何颜色深度和图像模式。该格式支持具有 Alpha 通道的 CMYK、RGB 和灰度模式，以及无

Alpha 通道的多通道、Lab、索引和双色调模式。

（11）Pixar 格式

Pixar 格式是专为高端图形应用程序设计的文件格式，例如用于渲染三维图像和动画的应用程序。它支持具有单个 Alpha 通道的 RGB 和灰度图像。

（12）Scitex CT 格式

Scitex CT 格式用于 Scitex 计算机上的高端图像处理。该格式支持 CMYK、RGB 和灰度图像，不支持 Alpha 通道。

（13）TGA 格式

TGA 格式专用于使用 True Vision 视频版的系统，它支持一个单独 Alpha 通道的 32 位 RGB 文件，以及无 Alpha 通道的索引、灰度模式，16 位和 24 位 RGB 文件。

（14）TIFF 格式

TIFF 格式是一种通用的文件格式。所有的绘画、图像编辑和排版程序都支持该格式，而且大部分的桌面扫描仪都可以产生 TIFF 图像，该格式支持具有 Alpha 通道的 CMYK、RGB、Lab、索引颜色和灰度图像，以及没有 Alpha 通道的位图模式图像。

4.1.3　图片大小与分辨率

调节图片大小与分辨率的基本步骤如下。

① 打开 Adobe Photoshop 软件，在"文件"菜单中选择"打开"命令，打开需要处理的图片，如图 4-11 所示。

② 在"图像"菜单中，选择"图像大小"命令，如图 4-12 所示。

图 4-11　Adobe Photoshop
打开文件界面

图 4-12　Adobe Photoshop 图像
大小打开界面

③ 在"图像大小"对话框中，确认"重定图像像素"选项已勾选，然后进行图片的像素修改，如图 4-13 和图 4-14 所示。需要注意像素改小并保存后，因为部分信息已经丢失，所以不能再改回原图。

 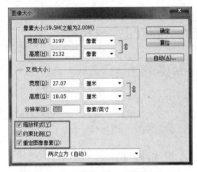

图 4-13　图像大小调整界面一　　　　图 4-14　图像大小调整界面二

④ 分辨率（ppi）= 像素 / 尺寸，不同的场合对分辨率有不同的要求，达到相应要求才能清晰显示。图像分辨率设置界面如图 4-15 所示。

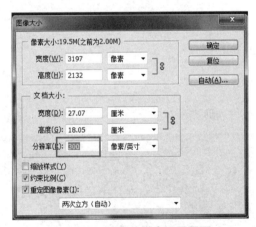

图 4-15　图像分辨率设置界面

常用的分辨率设置：

a. 洗印照片：300ppi 或 300ppi 以上；

b. 名片、杂志等：300ppi；

c. 高清写真海报：96 ～ 200ppi；

d. 网络图片、网页界面：72ppi；

e. 大型喷绘：25 ～ 50ppi。

⑤ 图片大小设置完成后，单击右上角"确定"按钮。为了防止文件丢失，可以先保存图片。

4.2 Adobe Photoshop 基本工具使用

4.2.1 选区工具的使用

1. 选区操作的快捷方式

① 全选：Ctrl+A。

② 取消选择：Ctrl+D。

③ 重新选择：Ctrl+Shift+D。

④ 反选：Ctrl+Shift+I。

⑤ 羽化：Shift+F6。

需要注意：若羽化的范围超出了选区的范围，软件会提示"未选择任何像素"，若羽化后只选择了选区中低于 50% 的像素，软件会提示"任何像素都不大于 50% 选择"，选区边将不会显示。

2. 选区工具的使用方法

① 进入 Adobe Photoshop 编辑界面并打开原图，如图 4-16 所示。

图 4-16　原图编辑界面

② 单击工具栏中的"选区工具"按钮，根据修改需求选择选框工具，如图 4-17 所示。

图 4-17　选区工具

③ 这里以"矩形选框工具"为例，首先在图片上用鼠标进行拖曳，即可出现一个选区框，如图 4-18 所示。

图 4-18　选区框

④ 按住鼠标左键对选区框进行拖曳，调整选区的位置，如图 4-19 所示。

图4-19   选区位置移动示例

⑤ 长按"Shift"键可以继续添加选区,并之前的选区融为一体,如图4-20所示。

图4-20   添加选区示例

⑥ 长按"Alt"键用鼠标拖曳一个选区,松开鼠标后即可将此区域排除在之前的选区外,此操作可减少选区,如图4-21所示。

⑦ 选区完成后,使用移动或剪切工具,可进行移动选区的后续操作,如图4-22所示。

图 4-21　减少选区示例

图 4-22　选区移动示例

4.2.2　修饰工具的使用

Adobe Photoshop 中常用的修饰工具有画笔、图章、橡皮擦、油漆桶、渐变、锐化、模糊、涂抹、调整等。

1. 画笔的使用

"画笔"的主要功能是修复图像,除常用的画笔"正常"模式外,还有"柔光、变亮、叠加"等模式,如图 4-23 所示。这里以常用的画笔模式为例进行讲解。

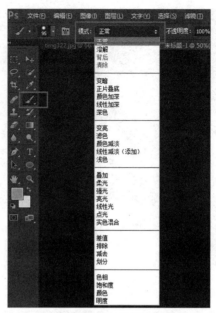

图 4-23　画笔的其他模式

（1）变暗模式

首先，打开原图文件并选择画笔变暗模式。

其次，打开需要修改的图片，如图 4-24 所示，用"吸管"工具 ■吸取图片中的暗色（以紫色为例），如图 4-25 所示，选择"画笔"工具中的"变暗"模式，将图片中亮色域进行描绘，亮色区域变成紫色，比紫色暗的区域颜色没有发生变化，如图 4-26 所示。

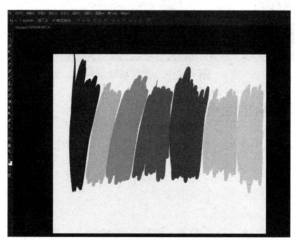

图 4-24　原图

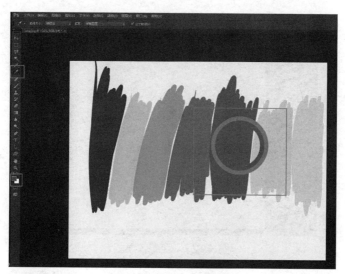

图 4-25　吸管吸取暗色

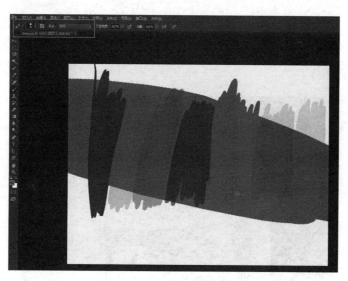

图 4-26　画笔变暗模式效果图

（2）变亮模式

　　画笔工具的变亮模式与变暗模式步骤一样，先吸取图片中较亮的颜色（以青色为例），选择画笔的"变亮"模式，进行描绘，青色区域颜色不变，其他区域颜色已变亮，如图 4-27 所示。

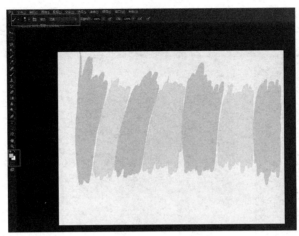

图 4-27　变亮效果图

（3）滤色模式

画笔的"滤色"模式也称为"加色"模式，如图 4-28 所示。它是将混合色的互补色与基色复合，结果色总是较亮的颜色。任何颜色与白色复合产生白色，任何颜色与黑色复合体持不变。

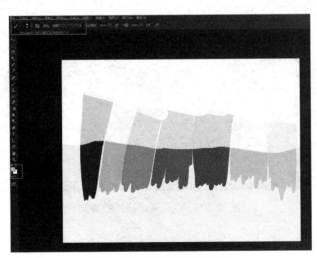

图 4-28　滤色处理效果图

（4）正片叠底模式

画笔的"正片叠底"模式即为"减色"模式，与"滤色"模式相反。根据"吸管"工具吸取的颜色（以青色为例），用画笔进行描绘，随着画笔涂层的叠加，颜色依次加深，如图 4-29 所示。

图 4-29　正片叠底模式的效果图

2. 图章工具

（1）仿制图章工具

"仿制图章工具"可以对图像进行局部的修复。选择"图章"工具中的"仿制图章工具"，如图 4-30 所示，按住键盘的"Alt"键并单击鼠标左键进行仿制，在图片修改的位置，单击鼠标左键进行涂层修改。仿制图章效果如图 4-31 所示。

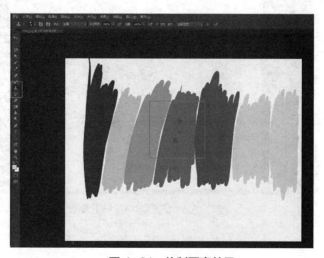

图 4-30　仿制图章工具选择　　　　　　　　**图 4-31　仿制图章效果**

（2）图案图章工具

选择"图案图章工具"，在属性栏可以根据修改需求选择画笔的样式、模式、透明度等，如图4-32所示，在需要修改的地方进行图章绘图。图案图章工具效果图如图4-33所示。

（3）橡皮擦工具

左侧工具栏中的"橡皮擦"工具包括橡皮擦、背景橡皮擦、魔术橡皮擦三个子工具，单击鼠标右键可以查看具体内容，如图4-34所示。

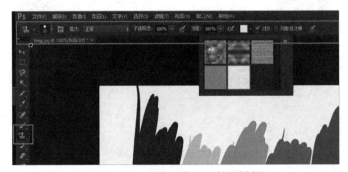

图4-32　图案图章工具的属性栏

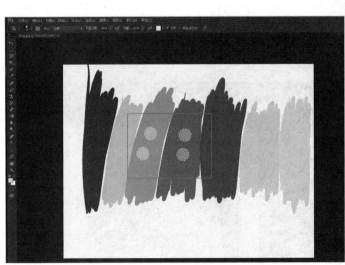

图4-33　图案图章工具效果图

图4-34　橡皮擦工具

a. "橡皮擦"工具可以擦除图片内不需要的部分，如图4-35所示。

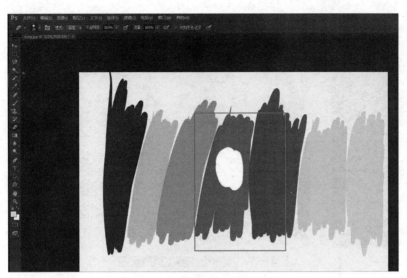

图 4-35 橡皮擦工具效果图

b. "背景橡皮擦" 工具可以擦除背景，如图 4-36 所示。

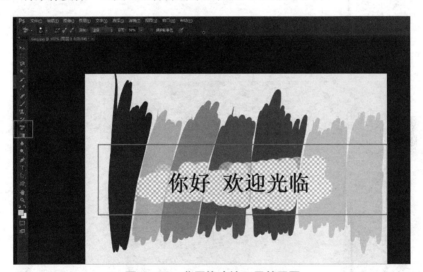

图 4-36 背景橡皮擦工具效果图

c. "魔术橡皮擦" 工具可擦除与鼠标单击处颜色相近的像素，如图 4-37 所示。

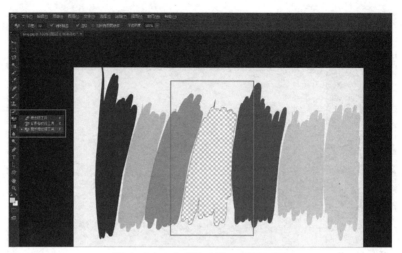

图 4-37　魔术橡皮擦工具效果图

（4）油漆桶工具和渐变工具

a. 油漆桶工具

"油漆桶"工具既可以填充颜色，也可以用来填充图案。当选择填充颜色时，将属性改成"前景"，直接填充需要修改的图片区域位置，如图 4-38 所示。

图 4-38　颜色填充效果图

当填充图案时，将填充源修改为"图案"，进行图案填充，如图 4-39 所示。

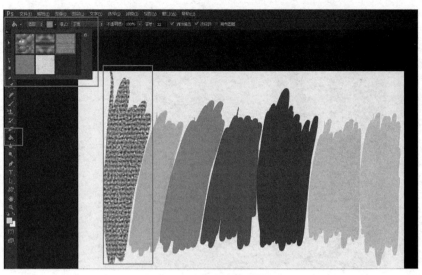

图 4-39　图案填充效果图

b. 渐变工具

渐变工具提供了多种可选择的系统自带的渐变效果，如图 4-40 所示，同时也可以自主设置渐变效果。单击渐变色的色块，打开"渐变编辑器"进行渐变色修改，如图 4-41 所示。

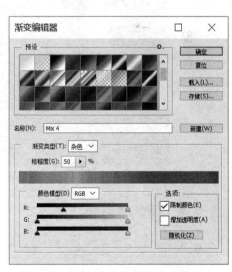

图 4-40　"新建渐变色"设置位置　　　　**图 4-41　渐变色编辑修改**

在图片中选择需要渐变设置的区域位置，如图 4-42 所示，然后选择需要呈现的渐变色效果，以及渐变色样式，进行效果的设置，如图 4-43 所示。

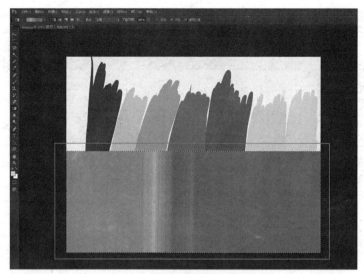

图 4-42 选中区域进行渐变色修改

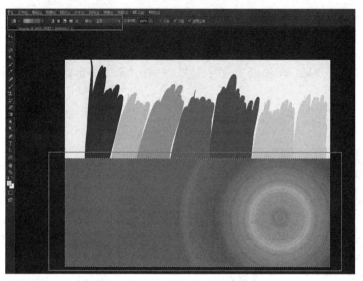

图 4-43 渐变色模式展示效果

4.2.3 辅助工具的使用

Adobe Photoshop 中的辅助工具可以对图像进行精准的定位，为后期图片制作提供了很大的便利。

1. 标尺工具

（1）标尺参考线

"标尺"工具在顶部菜单栏的"视图"模块列表中可以调出，如图 4-44 所示，也可以使用快捷键"Ctrl+R",标尺主要用于设计图片时作为参考的标准线,如图 4-45 所示。

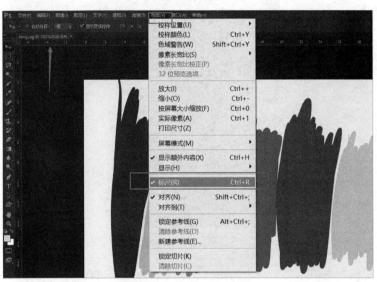

图 4-44 标尺工具位置

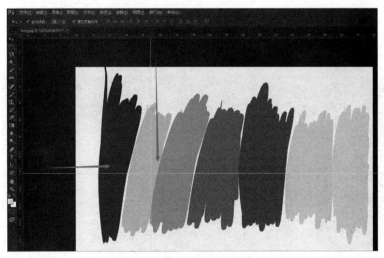

图 4-45 参考标准线

(2)标尺测量线

在左侧工具栏中的"吸管工具"中选择"标尺"工具,这个工具主要作用是测量,如图 4-46 所示。

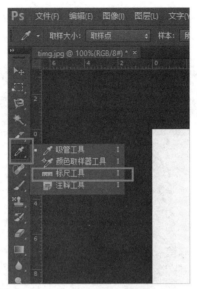

图 4-46 左侧工具栏的标尺工具位置

长按鼠标左键拉直需要测量的位置，顶部属性栏会出现具体参数，从左到右分别是 X- 起点坐标 、Y- 终点坐标 、W- 测量的宽度（标尺投射到 X 轴的距离）、H- 高度（这里的正负只代表方向）、A- 标尺和 X 轴的夹角、L1- 标尺线段的长度（一般以毫米为单位），如图 4-47 所示。

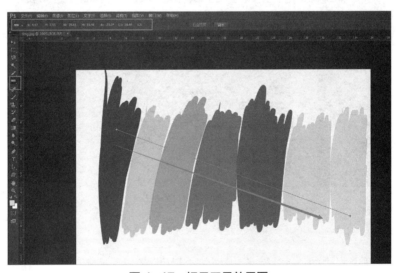

图 4-47 标尺工具效果图

单击属性栏的"拉直图层"按钮，图片则会以标尺线为水平线进行调整，如图 4-48 所示。

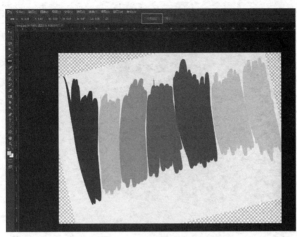

图 4-48 "拉直图层"效果图

2. 网格

当使用 Adobe Photoshop 修改或绘制复杂的图像时，需要精准和对齐图像，可以使用系统提供的网格功能。在"视图"菜单中选择"显示"子菜单下的"网格"功能，如图 4-49 所示，图片中会显示出精准的正方形格子，如图 4-50 所示，也可以配合标尺的参考线使用，如图 4-51 所示。

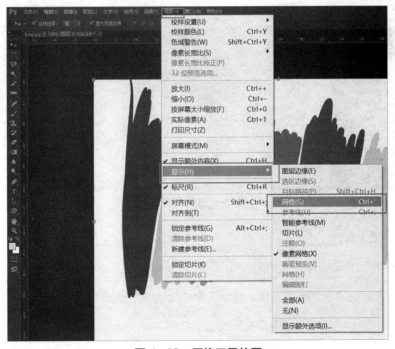

图 4-49 网格工具位置

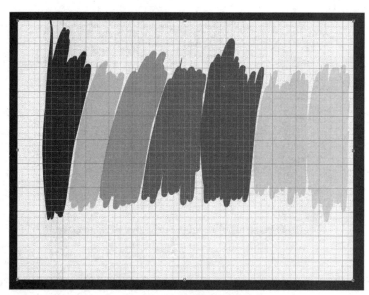

图 4-50   网格效果图

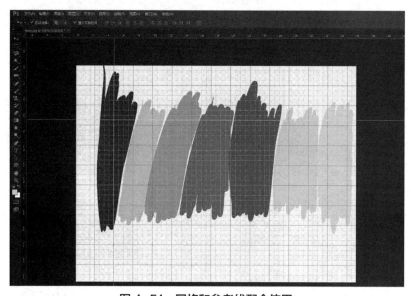

图 4-51   网格和参考线配合使用

3. 移动工具

　　"移动"工具是设计图片时使用频率较高的工具之一，主要功能是负责图层、选区等位置的移动和复制的操作。移动功能直接选择"移动"工具，进入移动图层，如图 4-52 所示。复制移动图层功能是长按键盘的"Ctrl+Alt"键，用鼠标移动图层即可，如图 4-53 所示。

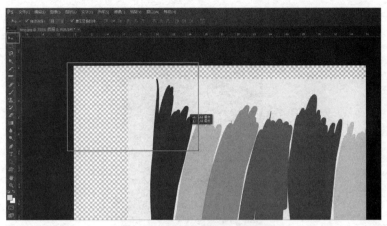

图 4-52　移动图层功能效果图

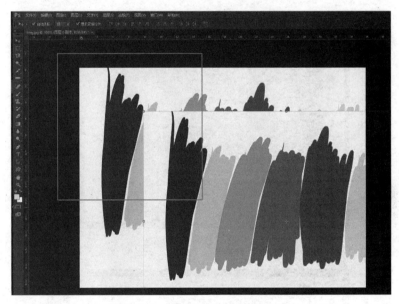

图 4-53　复制移动图层功能效果图

4. 切片工具

"切片工具"可以将图片切割成若干小图,主要用于较长的网页切图,可以自定义切片的大小,也可以等比例进行切图。切片工具位置如图 4-54 所示,等比例切图效果如图 4-55 所示,自定义切片大小效果图如图 4-56 所示。

图 4-54　切片工具位置

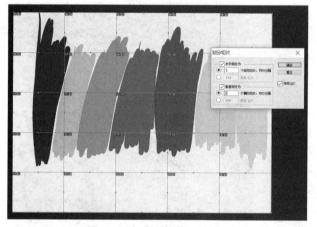

图 4-55　等比例切图效果

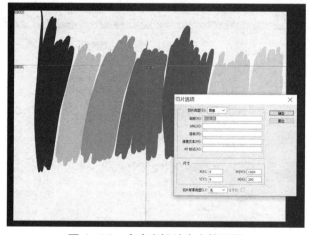

图 4-56　自定义切片大小效果图

5. 吸管工具

"吸管工具"是吸取且只能吸取一种颜色的工具，如图 4-57 吸管工具的位置，吸取的面积为吸取点周围 3 个像素的平均色，如图 4-58 所示。

图 4-57　吸管工具的位置

图 4-58　吸色功能

4.2.4　文字工具的使用

左侧工具栏中单击"T"工具，直接在图片中添加文字即可，也可以选择需要的文字排版类型，如图 4-59 所示。

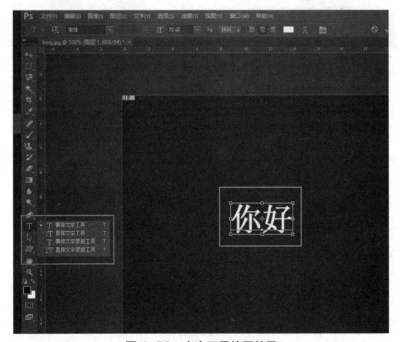

图 4-59　文字工具使用效果

在顶部文字工具的属性栏中,可以根据需求选择字体、颜色、字号大小、对齐方式、字体变形等效果,如图 4-60 所示。

图 4-60　文字工具的属性栏

以竖版文字排列为例,要求扇形展示、宋体、白色、字号 72,具体操作如图 4-61 所示为竖版宋体选择;如图 4-62 所示为字号、颜色选择;如图 4-63 所示为扇形选择。

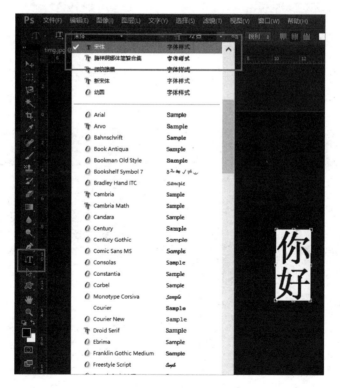

图 4-61　竖版宋体选择

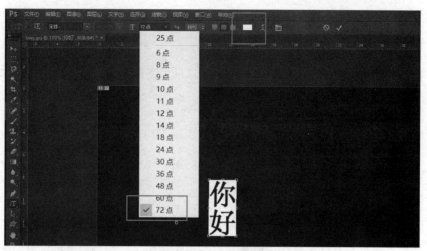

图 4-62 字号、颜色选择

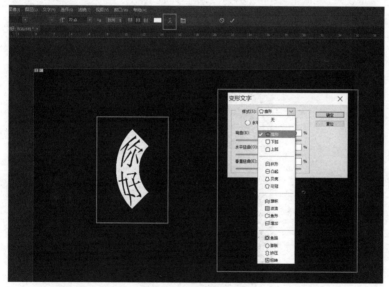

图 4-63 扇形选择

4.3 Adobe Photoshop 技能进阶

4.3.1 图层的使用

1. 图层的特性

在对图像进行绘制或编辑时，所有的操作都是基于图层。图层可以把图像的各个部分放在不同的层上，在进行图像编辑时不会互相干扰。

（1）独立

图像中的每个图层都是独立存在的，当移动、调整或删除某个图层时，其他图层不受任何影响。

（2）透明

未绘制图像的区域可以查看下方图层的内容。将众多的图层按一定顺序叠加在一起，便可得到复杂的图像。

（3）叠加

图层是通过控制各图层的混合模式将选项按顺序叠加在一起，可以得到千变万化的图像合成效果，如图 4-64 所示为图层工具展示图。

图 4-64　图层工具展示

2. 图层面板

"图层面板"显示了当前图片的图层信息，在面板内可以进行图层的顺序、透明度、锁定和图层混合模式等参数的设置，如图 4-65 所示。

（1）图层混合模式

在右侧的下拉列表中，可以选择不同的混合模式，所选模式决定当前工作图层中的图像与其他图层中的图像混合在一起的效果，如图 4-66 所示。

图 4-65　图层面板展示

（2）锁定

"锁定"选项组中可以指定需要锁定的图层内容，其选项有"锁定透明像素""锁定图像像素""锁定位置"和"锁定全部"，如图 4-67 所示。

图 4-66　图层混合模式选项

图 4-67　锁定选项组

（3）显示与隐藏图层

当需要隐藏该图层时，单击"👁"按钮后选中图层中的图像将被隐藏；反之则表示显示选中图层中的图像，如图 4-68 所示。

（4）链接图层

选中两个或两个以上图层，单击"链接"按钮，可以创建图层链接，方便整体移动，可移动两个或两个以上图层位置，如图 4-69 所示。

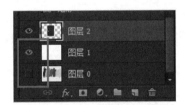

图 4-68　显示和隐藏图层

图 4-69　链接图层

（5）图层样式

单击"添加图层样式"按钮，在弹出的对话框中可以设置当前图层的样式，如图 4-70 所示。

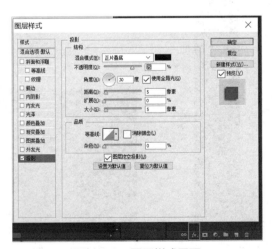

图 4-70　图层样式界面

（6）图层蒙版

单击"添加图层蒙版"按钮，可以为当前工作图层添加一个图层蒙版，如图 4-71 所示。

（7）新建填充或调整图层

单击"创建新的填充或调整图层"按钮，从弹出的菜单中选择要新建的图层类型，便可以创建一个填充图层或调整图层，如图 4-72 所示。

图 4-71 图层蒙版效果展示　　　　图 4-72 图层填充或调整

（8）创建新组、图层和删除

单击█按钮可以创建新组 1 如图 4-73 所示。单击█按钮可以创建新图层，如图 4-74 所示，以及单击█按钮可以删除不需要的图层，如图 4-75 所示。

图 4-73 创建新组　　　　　　图 4-74 新图层创建

图 4-75　删除图层

3. 图层的基本类型

在 Adobe Photoshop 中可以创建各种类型的图层，不同类型的图层功能和操作方法也不相同，不同类型的图层之间可以相互转换。

（1）背景图层

"背景图层"是一种不透明的图层，主要用于放置图像的背景，一般叠放于图层的最下方，不能对其使用任何类型的混合模式，如图 4-76 所示。

图 4-76　背景图层

（2）文字图层

"文字图层"是一种比较特殊的图层，它是使用文字工具建立的图层。在图像窗口中输入文字，"图层"面板将会自动产生一个文字图层，如图 4-77 所示。

图 4-77 文字图层

（3）蒙版图层

"蒙版图层"是图像合成的一种手段，在图层蒙版中颜色控制着图层相应位置图像的透明程度。在"图层"面板中，蒙版图层缩览图的右侧会显示一个黑白的蒙版图像，如图 4-78 所示。

图 4-78 蒙版图层

（4）填充图层

"填充图层"可以在当前图层中填充颜色或图案，并结合图层蒙版的功能，产生一种遮盖的特殊效果。

（5）调整图层

"调整图层"是一种比较特殊的图层，这种类型的图层主要用于色调和色彩的调整。Adobe Photoshop 会将色调和色彩的设置单独放置在文件中，方便随时修改其设置，从而保留了图像修改的弹性，且不会永久性地改变原始图层。如色阶和曲线调整等功能变成一个调整图层，如图 4-79 所示。

图 4-79　调整图层

（6）形状图层

"形状图层"指使用"形状工具"在图像窗口中创建图形后，"图层"面板自动建立的图层，图层缩览图的右侧为图层的矢量蒙版缩览图，如图 4-80 所示。

（7）链接图层

"链接图层"是指具有链接关系的图层。当对其中一个图层的图像执行变换操作时，将会影响到其他图层。在"图层"面板中，链接图层的名称后面将会显示链接图标，如图 4-81 所示。

图4-80 形状图层

图4-81 链接图层

（8）图层样式

Adobe Photoshop 中提供了各式各样的图层样式，包括投影、阴影、内发光、外发光、斜面与浮雕、叠加和描边等，使用这些图层样式可以迅速改变图层内容的外观，如图 4-82 所示。

图 4-82　图层样式

4.3.2　路径的使用

"路径"是 Adobe Photoshop 软件中一个比较重要的工具。在"图层"面板中单击"路径"可以显示目前图片包含的路径；在"窗口"菜单栏中选择"路径"选项也可以显示，如图 4-83 所示。

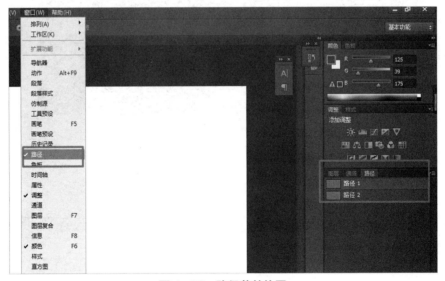

图 4-83　路径菜单位置

新建一个空白文档，可以自定义尺寸，在左侧工具栏中选择"钢笔"工具，画出一个路径，如图 4-84 所示。

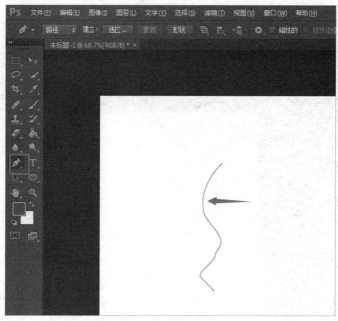

图 4-84　画出路径

设置参数，前景色设置为紫色，单击"画笔"工具选择画笔的样式，如图 4-85 所示。选择"钢笔"工具后在空白处单击鼠标右键，选择"描边路径"选项，如图 4-86 所示。执行"描边路径"操作后的效果，如图 4-87 所示。

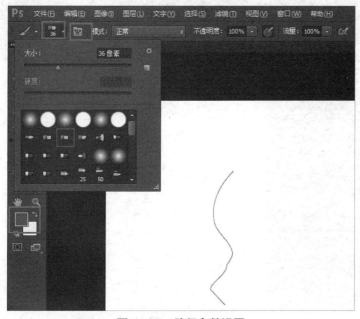

图 4-85　路径参数设置

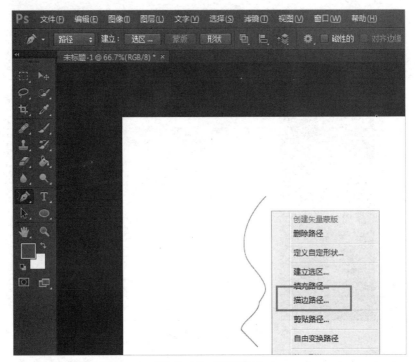

图 4-86　描边路径

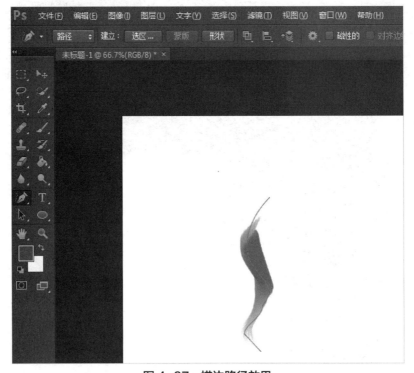

图 4-87　描边路径效果

此时，如果在图片空白处单击鼠标右键选择"删除路径"选项，该路径则会被删除，如图 4-88 所示。如果单击鼠标右键选择"建立选区"选项，则可以创建一个选区，如图 4-89 所示。如果单击鼠标右键选择"填充路径"选项，则得到如图 4-90 所示的最终效果。

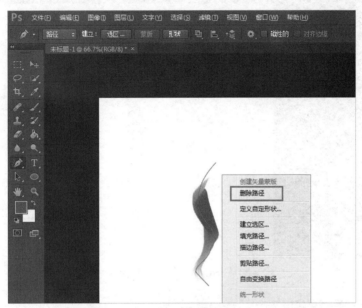

图 4-88　删除路径

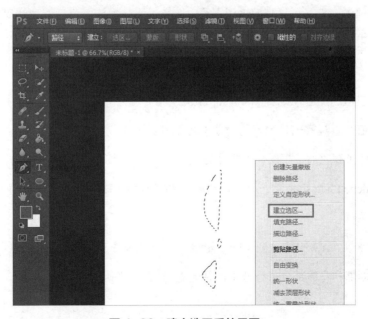

图 4-89　建立选区后效果图

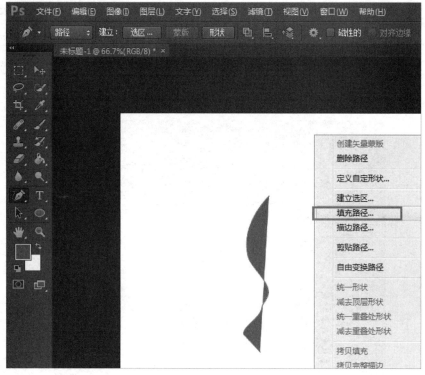

图 4-90　填充路径效果图

4.3.3　通道的使用

在处理人物头发部分时如果用钢笔、魔棒等工具无法快速高效地完成抠图操作，则可以利用"通道"技术来降低毛发抠取的难度，从而可以相对高效地完成对毛发物体图片的抠图操作。

"通道抠图"是 Adobe Photoshop 抠图中相对复杂的一种方法，主要利用红、绿、蓝三色通道，来观察选择毛发与背景对比度高的通道创建选区进行抠图。以图 4-91 为例，具体讲解"通道抠图"的操作方法。

在 Adobe Photoshop 中打开原图，使用快捷键"Ctrl+J"两次，复制两个新图层，如图 4-92 所示。

将"背景、图层 1"这两个图层隐藏。选中"图层 1 副本"用"钢笔"工具沿着头发内将面部和身体部分进行选中，并建立选区，如图 4-93 所示。

图 4-91 人物原图

图 4-92 新建两个图层

图 4-93 创建选区

选区创建好后，单击"图层模板"底部的"蒙版"按钮，隐藏选区外部的图像使其变成透明效果，如图 4-94 所示。

图 4-94　添加蒙版

将"图层 1 副本"隐藏，"图层 1"显示，如图 4-95 所示。单击"通道"按钮，切换到"通道"面板，如图 4-96 所示。

图 4-95　选择显示图层　　　　　　图 4-96　切换到"通道"面板

分别单击"红、绿、蓝"三个通道，并查看左侧图片的效果变化，建议选择背景与头发对比度高的通道，这里选择"绿"通道，如图 4-97 所示。

（a）

（b）

图 4-97　红绿通道效果对比

　　为了不损坏原通道数据，可以复制"绿"通道，如图 4-98 所示。单击选择"绿副本"通道，利用快捷键"Ctrl+L"打开"色阶"面板，调整图片的黑白对比度，让头发丝能够清晰可见，如图 4-99 所示。

　　色阶调整完成后，长按"Ctrl"键，单击"绿副本"通道并载入选区。按"Ctrl+Shift+I"进行反向选择，如图 4-100 所示，选中发丝部分，单击"RGB"通道，如图 4-101 所示。

图 4-98　复制通道

图 4-99　调整色阶

图 4-100　选择反向

图 4-101　返回"RGB"通道

返回"图层面板"单击"矢量蒙版"按钮，如图 4-102 所示，让两个图层同时显示，便可得到背景透明、发丝清晰的效果图片，如图 4-103 所示。

图 4-102　添加矢量蒙版

图 4-103　抠图完成

同时按快捷键"Ctrl+Alt+Shift+E"合并可见图层,得到背景透明的人物素材,抠图完成。

4.3.4　蒙版的使用

"蒙版"最大的特点是可以反复修改,并且不会影响到本身图层的任何构造。当对蒙版调整的图像不满意时,可以删除该蒙版,原图像又会重现。"蒙版"可以分为图层蒙版、矢量蒙版、剪切蒙版和快速蒙版四种。

1. 图层蒙版的使用

新建图层蒙版并选中,使用"画笔、填充、渐变"等工具对蒙版进行修改。该蒙版中,白色部分为显示当前图层,黑色部分为隐藏当前图层,灰色部分为半透明部分。如图 4-104 所示蒙版渐变色效果图,如图 4-105 所示蒙版填充效果图。

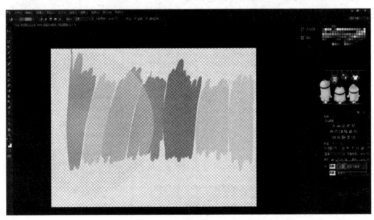

图 4-104　蒙版渐变色效果图

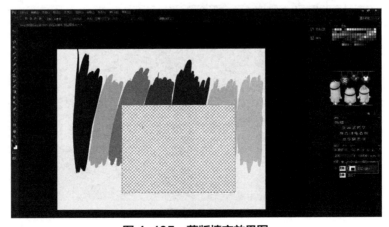

图 4-105　蒙版填充效果图

（1）抠图

在图 4-106 中，首先需要把脸部的树叶留下，其余部分隐藏，可以使用"黑色画笔"在蒙版上涂抹需要隐藏的部分即可。需要将脸部右侧的树叶呈现半透明的效果，将"画笔"设置为半透明后涂抹即可。

图 4-106　半透明化效果

（2）拼接图片

以图 4-107 为例，将两张图直接拼接在一起，两张图之间有明显的界线，如图 4-108 所示。在水母图层添加蒙版，蒙版上使用白到黑的渐变即可，如图 4-109 所示。

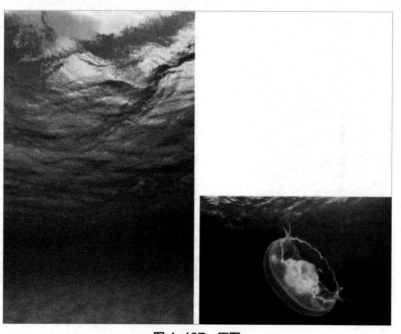

图 4-107　原图

图 4-108　直接拼接效果图　　　　　　图 4-109　最终效果图

（3）添加倒影

复制背景图层并翻转该图层，新建蒙版图层后添加白黑渐变色，最后合并三个图层，如图 4-110 所示，即可产生逐渐消失的倒影效果，如图 4-111 所示。

图 4-110　蒙版操作　　　　　　图 4-111　倒影效果图

（4）局部调整

以图 4-112 为例，结合调整层或滤镜局部调整图像。先用"钢笔"工具画出需要调整的区域，将改选区内的图像去色，在图层面板下方选择色相饱和度调整层，将降低其饱和度。如图 4-113 所示去色操作界面。在蒙版中修改色相饱和度调整层的作用范围，可以使用画笔在蒙版中涂改白色或黑色以显示或不显示去色效果。如图 4-114 所示为最终效果图。

图 4-112　原图

图 4-113　去色操作界面

图 4-114　最终效果图

2. 矢量蒙版的使用

"矢量蒙版"一般用于创建基于矢量形状边缘清晰的效果图，通常通过编辑路径进行矢量蒙版的编辑。

（1）创建矢量蒙版

利用"Ctrl"键 +"蒙版"按钮添加图层的矢量蒙版，如图 4-115 所示。

图 4-115　创建矢量蒙版

（2）编辑矢量蒙版

使用"钢笔"或"形状"工具绘制图片中需要显示的范围，在"路径"面板选
择工具进行修改，如图 4-116 所示，也可以在矢量蒙版中直接选择工具进行修改，如
图 4-117 所示。

图 4-116　路径面板修改

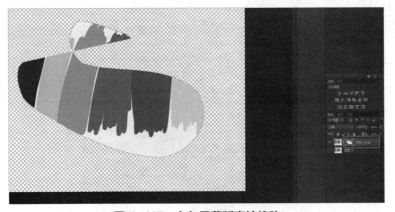

图 4-117　在矢量蒙版直接修改

以图 4-118 为例，这种效果图的街景部分可以使用矢量蒙版制作，使用矩形工
具绘制一个矩形路径，复制多个，之后分布路径，最后添加矢量蒙版即可。

图 4-118　案例效果图

　　首先新建透明背景图层，使用矩形工具绘制矩形路径，复制多个矩形，接着等比例分布路径，分布完成后，选中人物中间区域并反选，如图 4-119 所示选择人物中间区域。然后添加矢量蒙版，如图 4-120 所示添加图层蒙版并反选的效果图。最后添加文字即可，如图 4-121 所示。

图 4-119　选择人物中间区域

图 4-120　添加图层蒙版并反选的效果图

图 4-121　最终效果图

3. 剪切蒙版的使用

"剪切蒙版"是一个可以用形状遮盖其他图层的工具。图片使用剪切蒙版后，只能看到该蒙版形状内的区域，也就是将图层裁剪为蒙版的形状。

创建剪切蒙版后，将图4-122中上方的文字放在图片下方，之后选中星空图层，如图4-123所示，同时长按"Ctrl+Alt+G"键，将鼠标放在两个图层中间，出现向下的小箭头时单击，可生成剪切蒙版，如图4-122所示。

图4-122　示意图

图4-123　操作界面示意图

4. 快速蒙版的使用

"快速蒙版"主要用于编辑选区。以图4-124为例，在背景图中选中区域，利用键盘"Q"键快速进入蒙版，未被选中区域会覆盖半透明红色，如图4-125所示。

图4-124　原图选中区域示意图

图 4-125　未选区域效果图

在快速蒙版中，使用画笔（白色）可添加选区，使用画笔（黑色）涂抹可减少选区，而灰色得到半透明的选区，如图 4-126 所示。使用画笔涂抹后，按"Q"键退出快速蒙版可以得到如图 4-127 所示的效果图。

图 4-126　使用画笔的效果图

图 4-127　效果图

快速蒙版还可以结合滤镜得到特殊选区，按"Q"键进入快速蒙版，羽化参数设置为 50，如图 4-128 所示。在顶部菜单栏"滤镜"中"像素化"选择"晶格化"选项，如图 4-129 所示，参数设置为 27，最后单击"确定"按钮，如图 4-130 所示。

图 4-128　羽化效果

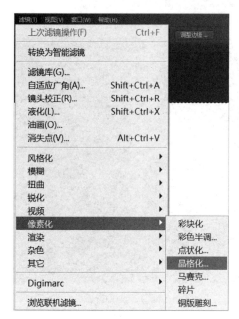

图 4-129　晶格化工具位置

图 4-130　操作示意图

　　按"Q"键退出快速蒙版，反选并填充白色即可，如图 4-131 所示晶格化效果。

如图 4-132 所示为最终效果图。

图 4-131 晶格化效果

图 4-132 最终效果图

4.4 商品图片美化

对商品图片进行美化再加工，可以让图片展现出商品自身的特性，并以最好的视觉效果展示给消费者，从而提升商品的销售量和竞争力。

4.4.1　图片光影调整

Adobe Photoshop 能为图片添加光影效果，其原理在于为图片制造光亮源，使原本颜色较暗的图片呈现出明亮的效果，它需要利用"通道"和"图层叠加"这两项操作来完成图片光影的调整。

打开需要进行光影效果制作的图片，如图 4-133 所示。切换到通道面板并新建一个通道，如图 4-134 所示。

图 4-133　打开原图

图 4-134　新建通道

① 将前景色设置为白色。单击前景色打开"拾色器"后将"R、G、B"的参数分别设为 255，拾色器自动转变为白色，单击"确定"按钮，如图 4-135 所示。

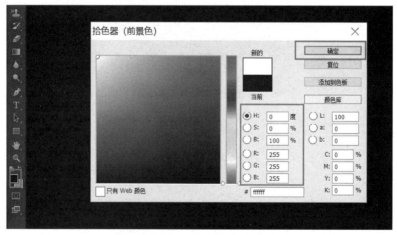

图 4-135　前景色设置为白色

② 前景色设置好后，需要在新建的通道中建一个窗框。在左侧工具栏中选择"矩形选框"工具，在新通道中创建一个大小适宜的矩形框，使用快捷键"Alt+Delete"填充前景色，如图 4-136 所示。选择"移动"工具，使用快捷键"Alt+Shift"并单击鼠标左键，水平复制矩形框，如图 4-137 所示。水平排列好后，使用"矩形选框"工具，选中两个矩形框，使用同样的方法复制矩形框并水平下移，如图 4-138 所示。

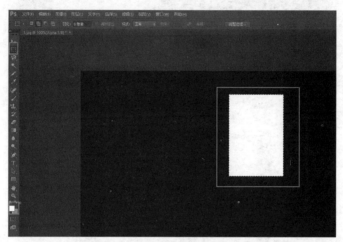

图 4-136　矩形框填充前景色

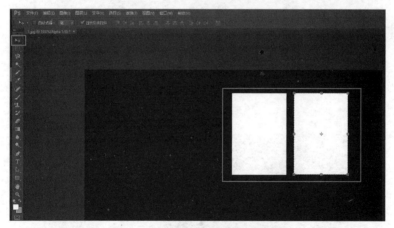

图 4-137　矩形框复制并水平移动

③ 复制完成后，使用快捷键"Ctrl+D"取消选区。然后，使用快捷键"Ctrl+T"进行自由变换，单击鼠标右键在弹出菜单中选择"扭曲"选项，如图 4-139 所示。将窗框调整为如图 4-140 所示的形状，按"Enter"键确定。

图 4-138　矩形框复制并水平下移

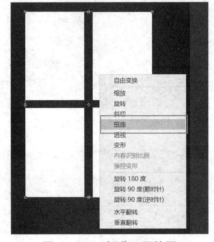

图 4-139　扭曲工具位置

图 4-140　扭曲效果图

④ 选择"滤镜"菜单中"扭曲"子菜单下的"切变"命令，如图 4-141 所示。在打开的"切变"对话框中，点选"重复边缘像素（R）"同时在未定义区域通过该区域内的曲线对窗框的形状和弯度进行调整，当调整到合适的形状后，单击"确定"按钮，如图 4-142 所示，调整过后的窗框形状如图 4-143 所示。

图 4-141 切变工具位置

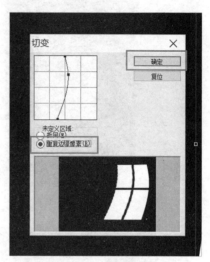

图 4-142 重复边缘像素调整图

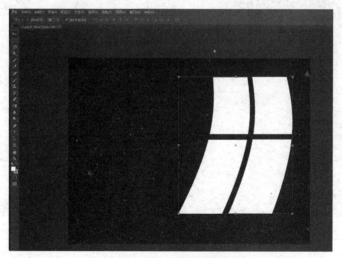

图 4-143 切变效果图

现实中阳光投射进来的效果应该是暖暖的，而图 4-143 窗框的效果边缘看起来比较生硬，因此还需对窗户的边缘进行一个调整。选择"滤镜"菜单中的"模糊"子菜单下的"高斯模糊"命令，如图 4-144 所示。在"高斯模糊"对话框中，将"半径（R）"的参数值调整为 5 像素，单击"确认"按钮，如图 4-145 所示。

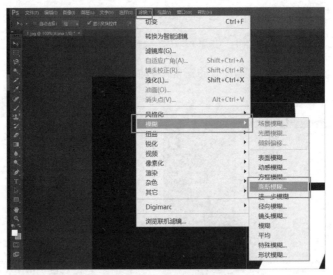

图 4-144　高斯模糊工具位置

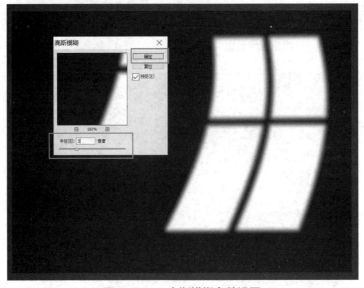

图 4-145　高斯模糊参数设置

经过模糊调整过后的窗户图像与之前的图像相比显得更加柔和，如图 4-146 所示。使用快捷键"Ctrl+A"对选区进行全选，使用快捷键"Ctrl+C"复制，然后选中RGB 通道并使用快捷键"Ctrl+V"进行粘贴，如图 4-147 所示。

图 4-146 高斯模糊效果图

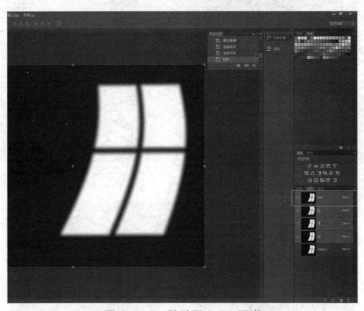

图 4-147 粘贴至 RGB 通道

切换到图层面板，可以看到制作好的图形已经粘贴到图层面板中，如图 4-148 所示。将图层 1 的图层混合模式修改为"叠加"，如图 4-149 所示。叠加效果图如图 4-150 所示。

图 4-148　图层面板界面

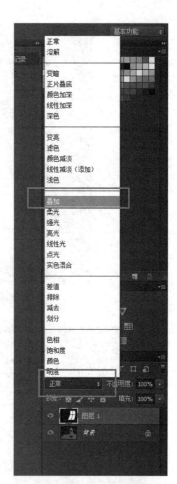

图 4-149　工具位置叠加

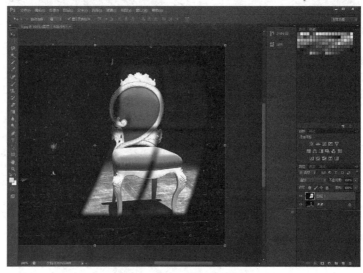

图 4-150　叠加效果图

为了使叠加后的效果图看起来更加自然，将图层的"不透明度"调整为 40%，如图 4-151 所示。最终效果图如图 4-152 所示。

图 4-151 不透明度调整　　　　　图 4-152 最终效果图

4.4.2 图片色彩调整

在 Adobe Photoshop 中打开原图，如图 4-153 所示。在"窗口"菜单中勾选"调整"，如图 4-154 所示，调出"调整"面板，如图 4-155 所示。

图 4-153 打开原图

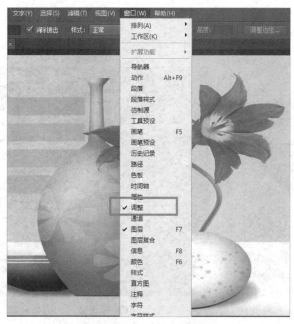

图 4-154　选择调整界面

图 4-155　调整面板

　　在"调整"面板中选择"色相 / 饱和度"，系统会自动创建一个色相 / 饱和度调整图层，同时打开其属性面板，共有色相、饱和度和明度三个参数，如图 4-156 所示。

图 4-156　选择"色相 / 饱和度"

　　分别拖动"色相""饱和度""明度"的色块，调整其参数，观察调整后的图片效果图，如图 4-157 所示为色相调整效果图。如图 4-158 所示为饱和度调整效果图。如图 4-159 所示为明度调整效果图。

图 4-157　色相调整效果图

图 4-158　饱和度调整效果图

图 4-159　明度调整效果图

在实际应用中，这三个参数可以同时调整、灵活搭配，这样就可以设置出多种好看的颜色了。

4.4.3　图片构图问题优化处理

"二次构图"是处理商品图片时不可缺少的一步，可以使用 Adobe Photoshop 中的"裁剪工具"，如图 4-160 所示。

以图 4-161 为例，图片中的商品是主景，周围的绿植只是衬托，此图片的问题是绿植部分太多，左边白色部分留白也比较低，需要用裁剪工具来进行重新构图，让整个画面看起来商品突出，画面美观，有冲击力。

图 4-160　裁剪工具选择界面

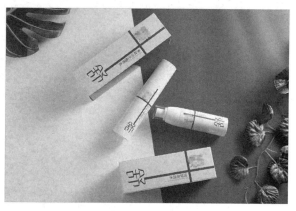

图 4-161　原图

选择"裁剪工具"，在工具属性栏中选择"不受约束"的裁剪方式，裁剪掉多余的绿植部分，只留一点来衬托即可，如图 4-162 所示。绿植部分进行了虚化处理，以使商品更加突出，最终效果如图 4-163 所示。

图 4-162 裁剪操作示意图

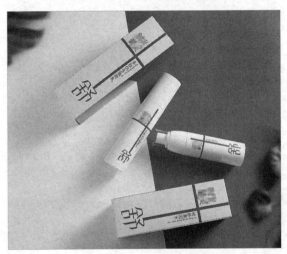

图 4-163 裁剪后效果图

本章小结

　　本章主要详细讲解了商品图片处理与美化工具 "Adobe Photoshop" 的使用方法。首先介绍 Adobe Photoshop 的快速入门、文件保存格式和图片大小与分辨率，让读者对 Adobe Photoshop 软件有基本的认知；其次使用图文并茂的方式详细讲解 Adobe Photoshop 中常用工具的应用，让读者掌握 Adobe Photoshop 常用工具的基本操作方法；最后对 PS 图层、路径、通道和蒙版的使用方法进行具体讲解，帮助读者进一步提升 Adobe Photoshop 的操作技能，使读者能够利用 Adobe Photoshop 工具处理和美化图片。

第 章

5

文案策划

　　文案策划，简单来说就是写出能够打动消费者的文字。文案策划是一门复杂多变的艺术，它的内涵与表现形式会随着时代、地域的不同而幻化出不同的色彩。在跨境电商运营的前期，产品发布和店铺装修时，供应商也需要用文案营销，用文案将商品展现在海外买家面前。这时供应商需要具备丰富的文案写作力、专业的鉴赏力、敏锐的洞悉力和对消费者心理的了解。

知识目标

1. 了解消费群体定位的意义；

2. 了解商品定位的优点和包含的内容；

3. 了解文字的编排规则和设计方式。

精彩图片

能力目标

1. 学会对字体风格和装修风格进行搭配；

2. 学会对阿里巴巴国际站的店招、Banner 和营销商品进行文案策划。

5.1　商品定位

5.1.1　消费群体定位

只有真正地了解客户，才能得到客户的认可。消费群体定位在电子商务营销中的重要性不言而喻。消费群体定位的主要工作是定位企业和商品的服务对象，明确客户的具体需求。

在互联网领域，消费群体定位可以包括以下内容。

① 人群属性：包括性别、年龄等基本信息；

② 兴趣特征：浏览内容、收藏内容、阅读咨询等；

③ 消费特征：消费水平、购物偏好等与消费相关的特征；

④ 位置特征：用户所在的城市、所处的居住区域、用户的移动轨迹等；

⑤ 设备属性：使用设备的终端特征等；

⑥ 行为数据：用户在网站的行为日志数据如访问时间、浏览路径等；

⑦ 社交数据：用户社交相关数据；

⑧ 家庭数据：婚姻及子女状况。

在对消费群体进行数据化标签的分类后，应当强化相关信息，弱化无关信息，例如从用户的姓名、身高、星座等基本信息中很难分析出消费者的购买能力的大小，这些无关信息不具有大的商业价值，不应该放到消费者群体定位中进行分析。

5.1.2　商品本身定位

商品定位是针对消费者对某种商品的某种属性的重视程度，用来塑造商品或企业的鲜明特色，从而树立商品在市场上的形象，使目标市场中的顾客了解和认识本企业的商品。

在进行商品定位时，首要条件是顾客满意度。这是所有企业赖以生存的主要因素。其次是具有长期性。企业长期满足消费者需求，这样才能为企业树立良好形象，建立品牌。最后商品定位必须具有竞争性，即能够从竞争商品中显示出自己的独特之处，这样消费者才会选择并重复购买商品，只有这样才能在竞争中赢得优势。

1. 商品定位的优势

（1）确定经营方向和思路

商品定位是企业开展业务的第一步，也是保证营销效果的先决条件。准确的商品定位为企业的经营指明了方向，理清了思路，便于企业发挥商品及其他资源优势。

（2）打造商品特色，增强竞争力

针对本企业商品特色，有机地进行市场营销组合。如果已经采用"品质"优先的商品定位，企业就必须把主要资源放在生产优质的商品上，打造商品的品牌力，溢价销售。通过高端经销商渠道销售的同时，还需要在与商品相匹配的媒体上进行广告投放并展开合作。

2. 商品定位包含的内容

（1）商品的功能属性定位

商品的功能属性定位主要是解决商品应满足消费者什么样的需求，对消费者来说其主要的商品属性是什么。

（2）商品的产品线定位

商品的产品线定位是为解决产品在整个企业产品线中的地位，本类产品需要什么样的产品线，即解决产品线的宽度与深度问题。

（3）商品的外观及包装定位

商品的外观及包装定位主要包括商品的外观与包装的设计风格、规格等。

（4）商品卖点定位

商品卖点定位，即提炼出商品独特销售主张（Unique Selling Proposition，USP）。

（5）商品的基本营销策略定位

商品的基本营销策略定位是指确定商品的基本策略——做市场领导者、挑战者、跟随者还是补缺者，以及确定相应的商品价格策略、沟通策略与渠道策略。

（6）商品的品牌属性定位

商品的品牌属性定位主要是审视商品的品牌属性是否与企业的母品牌属性存在冲突，如果冲突，如何解决或调整。

综上所述，商品定位基本上取决于四个方面：商品、企业、消费者和竞争者。即商品的特性、企业的创新意识、消费者的需求偏爱，以及竞争对手的市场位置，四者协调得当，就能正确地定位商品。

5.2　文字的设计与应用

5.2.1　了解文字的编排规则

在电商平台中的商品和店铺，其所有的设计意图和营销策略都需要通过文案来表达，文案的表现形式则要通过字体来呈现。选择一款好的字体会使设计事半功倍。

随着时代的发展，字体的样式也越来越多。在西方国家，文字主要使用字母来表现，根据字母的特点可以把英文字体分为两大类：衬线体（Serif）和无衬线体（Sans Serif）。这种分类方法被广泛认同并沿用，同样也适用于中文字体。

1. 衬线体

衬线体指在字的笔画开始、结束的地方有额外的装饰，而且笔画的粗细会有所不同。文字书写时，无法保证每一个笔画从开始到结尾都是一样的粗细，而且不论是字母还是汉字，笔画都会随力量和角度的不同而发生变化。例如，"宋体"就属于衬线体，如图 5-1 所示。

图 5-1　衬线体

2. 无衬线体

无衬线体没有笔画首尾的装饰，所有笔画的粗细相同。与衬线体相比，无衬线体的发展则要晚很多，一直到 20 世纪 80 年代才开始兴起，它摆脱了传统衬线体的风格和气质，使当时只有贵族们才能使用的文字变得平易近人，让文字真正变成一种传递信息的工具，其中，以 1957 年上市的 Helvetica 等为代表的字体，成为现代字体的主流，也正是因为无衬线的字体结构简单，在同等字号下看起来会比有衬线的字体更清晰，所以在电子设备的默认显示中使用率较高，如图 5-2 所示。

图 5-2　无衬线体

在电子商务的应用中需要根据不同的使用环境来选择不同的字体。目前，大部分字体是由字体设计公司设计的。常用的公司品牌有方正字库、造字工房（见图 5-3）、华康字形（见图 5-4）、文鼎字库、汉仪字库（见图 5-5）及以书法见长的叶根友字体（见图 5-6）。

图 5-3　造字工房

图 5-4　华康字形

图 5-5　汉仪字库

图 5-6　叶根友字体

由字体设计公司设计的字体大部分都拥有独立的知识产权，在使用时一定要注意是否获取了字体设计公司的授权。未经授权而私自商用会被追责，需要承担相应的法律责任。当然，对于电商平台上的中小商家，许多字体设计公司专门推出了可供电商平台使用的字体授权价格，如图5-7所示。

		企业网店授权	个人网店授权
适用场景		适用于在天猫、京东等处开设的企业网络店铺，企业网店页面（单一网址）	适用于个人淘宝店辅类，个人网店页面（单一网址）
字体价格（元/年/款）	基础字体	1500	68
	精选字体	4500	68

图5-7　字体授权价格

当然，并不是所有字体都是收费的，电脑系统自带字体，如"宋体""黑体""楷体""仿宋"都属于免费字体，不会涉及侵权，可以放心使用。

3. 编排规则

（1）字体对齐

对齐是文字编排中最基础的，也是最重要的操作。常用的对齐方式主要有左对齐、右对齐、居中对齐等。在电商文案设计中多使用居中对齐，即所有的文案和商品都是基于画面的中心对齐，这种对齐的方法会让画面看起来和谐平衡，起到突出主题的作用，让画面看起来更有灵性。文字可以从大小、粗细、颜色等方面来体验，同一种风格的文字，大小粗细不同可以组合成更有趣的设计，让画面看起来更有设计感。

（2）字间距和行距要适中

一般情况下，字体间距较大会使人产生一种轻松、透气的感觉；反之，字体间距较小则会显得更集中、更有力量。通常行间距会大于字间距，这样会更容易阅读。

（3）字体倍率

通常字体间的倍率为1.5倍的时候，视觉上会比较舒服。例如在广告图中，如果正文的字体字号是12磅，那么标题的字体字号就可以设定为18磅，更大一级的标题可以设定为27磅。

5.2.2　创意文字设计方法

在电商的使用范围当中，字体使用的首要目的是传达信息，其次才是美观，在使用时切记不要本末倒置。为了美观而使消费者看不清楚文案所表达的内容，从而不能够达到促使消费者购买的目的，这样的广告图只能称为装饰图，是一张失败的广告图。

在实际的字体使用当中，供应商可以根据商品的性质、店铺的理念，以及目标人群的定位，按照从目的到氛围的优先级来挑选、设计字体。按照设计目的，可以把广告图分为以下两大类。

1. 促销

优惠、活动是最直接的营销模式，也是消费者最能够接受的方式。在制作以促销为主题的广告图时，可以选用一些粗壮、有力、大气的字体，让消费者第一时间就可以注意到要促销的内容和主题。同时这类字体有厚重感、力量感和安全感，能给消费者强烈的心理暗示，产生"优惠""便宜"的感觉，刺激消费，完成宣传和引流的目的，如图 5-8 所示。在此基础之上，可以对字体进行二次设计，使其更具趣味性和设计感，如图 5-9 所示。

图 5-8　促销海报示例图一

图 5-9　促销海报示例图二

2. 强调商品和品牌的品质

随着消费升级，人们对于商品的需求再也不是简单的"能用"，而是更多地强调商品的品质或其价值观是否和自己相符。这类商品往往都有着较高的客单价，目标消费群体对于价格并没有那么敏感，在制作广告图时，需要尽量凸显商品的品质和附加价值，此时就应避免使用粗壮的字体，转而选择那些纤细、简洁的字体，而且在画面中还需要有大量的留白，从心理层面向消费者暗示商品的稀有性和尊贵感，从而达到塑造品牌和商品形象的目的，如图 5-10 和图 5-11 所示。

图 5-10　商品示例图一

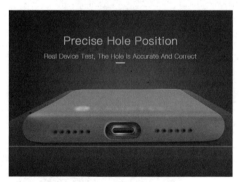

图 5-11　商品示例图二

5.2.3　字体风格与装修风格搭配

选择和商品风格相同的字体可以提升消费者对商品的认同感，下面列举一些跨境电商环境中常见的风格使用场景。

1. 文艺小清新

这类商品涵盖范围广泛，消费者的共同特点是感情细腻，容易被感染，对自由、乐观的生活充满向往，喜欢自然、朴素。这类商品在字体设计时可以选择一些有衬线的字体或手写体，搭配商品图片更能展现出自己的风格和特点，容易与消费者产生共鸣，如图 5-12 所示。

图 5-12　"文艺小清新"示例图

2. 中国风

中国风在电商领域总是受到喜爱传统文化和民族风的消费者的追捧，那么中国风在字体的选择上大多使用书法字体来表达商品的意境，男性消费者更喜欢笔触苍劲有力的书法字体，女性消费者则更喜欢娟秀优美的书法字体，如图 5-13 所示。

图 5-13　"中国风"示例图

3. 欧美风

欧美风主要集中在服装和家居领域，消费者年龄层次偏高，字体多表现奢华，常用棱角分明的英文字体烘托氛围，以体现出商品的时尚和尊贵。这类商品的字体选择一定要大气，常用较细的衬线体来表现，如图 5-14 所示。

图 5-14　"欧美风"示例图

4. 时尚简约风

这类消费者喜欢原生态的生活方式、年龄以 25 ～ 35 岁的男女为主，强调实用主义，以科技 3C、服装、健康食品、功能类商品为主。时尚简约风的字体多采用与海报设计风格相近的非衬线体来表现，如图 5-15 所示。

图 5-15 　"简约风"示例图

由此可见，字体风格的选择应与店铺装修风格一致。但在一张视觉传达优秀的广告图当中，中英文字体的使用最好不要超过 3 种，否则会让人产生杂乱无章的感觉。其实，字体的选择是不断做减法的过程，不断缩小选择的范围，从而使广告图达到最佳的营销效果。

5.3　文案策划在阿里巴巴国际站的应用

对于阿里巴巴国际站来说，文案的策划应当符合以下几点。

① 必须遵守目标客户国的法律、法规等规定和要求；

② 在具体撰写的过程中，需要注意语法和用词，不要出现语法错误、拼写错误等问题；

③ 文案表达要注意当地消费者的文化、宗教信仰、禁忌事项、生活习惯等，不要造成不必要的冒犯和误会；

④ 要了解目标客户国的节日庆典，定期策划相关节日的营销内容。

5.3.1　店招文案策划

店招是全店的招牌，可以让消费者在浏览店铺之前就了解到店铺主营的商品和风格。优秀的店招对店铺的品牌塑造起到非常重要的作用，如图 5-16 所示。

图 5-16　店招示例图

从内容上来说，店招中可以添加的元素有：店铺名、店铺 Logo、店铺 Slogan、收藏按钮、关注按钮、促销产品、优惠券、活动信息、活动时间、活动倒计时、搜索框、店铺公告、网址、第二导航条、旺旺、电话热线、店铺资质、店铺荣誉等一系列信息。除了店铺名必然会出现外，其他内容都可以按照供应商的具体情况进行策划和设计。

从功能上区分，店招可以分为品牌展示型和活动促销型。

① 品牌展示型的店招一般设计会比较简约，首先重点突出品牌名称、Logo 和品牌的 Slogan，这些都是品牌的核心内容。其次是收藏资质等，一般不会出现店铺的打折等信息。

② 活动促销型的店招主要展示的是与活动相关的信息，例如限时折扣、优惠券、促销产品等；其次是搜索框、收藏等方便用户体验的内容；最后才是店铺名、店铺 Logo、店铺 Slogan 等以品牌宣传为主的内容。这种类型的店招，不管是氛围设计还是内容展现，都要让活动信息占据更大的篇幅，方便第一时间吸引消费者点击购买。

5.3.2　Banner 文案策划

Banner 图通常出现在页面顶端，是消费者进入店铺后第一个看到的广告位，也是全店最重要的一张广告图。Banner 图设计既要符合目标消费者的情感诉求，又要能够激发起消费者点击的冲动，是店铺重要的流量入口，如图 5-17 所示。

图 5-17　Banner 示例图

Banner 图的文案策划往往从以下几个方面入手。

① 价格：价格永远是最好的营销手段，是吸引并促使消费者下单的重要因素之

一。降价、折扣等价格信息出现在 banner 图中更能刺激消费者的点击欲。

② 满就送：营销的技巧在于不是让消费者感觉"便宜"，而是让消费者感觉"占便宜"，满就送就很好地满足了消费者在这个层面的心理诉求，让消费感觉买到就是赚到。

③ 精准的垂直体验：针对某一类消费者专属的营销策略，例如针对肥胖人群的减肥产品，直击痛点，提升转化率。

④ 饥饿营销：制造出一种限时限量或热卖的氛围，让消费者感觉到产品的稀缺性，提升购买欲望。

⑤ 明星同款：利用明星效益，打造产品的情感营销，将消费者对于明星的信任转嫁到产品当中来，快速营造信任感，促进销售。

⑥ 明确产品目标：在文案中明确产品功效，给消费者一个心理预期，促使消费者进入产品本身的功效中，帮助消费者解决自身问题。

以上方法不能同时用在一个 Banner 图的设计中，只能选用其中的一种进行策划和设计，否则会干扰消费者的关注度，降低信息传递，影响购买转化率。

5.3.3　营销产品文案策划

1. 差异化竞争

打造出一件爆款产品不但可以提升一件单品的销售量，还可成为带动全店销售的发动机，让消费者从一个爆款产品中产生信任，进而购买更多产品，然而打造一个爆款产品的先决条件就是具有差异化。

例如：在厨卫类目里有一款产品——恒温水壶，原来是用在商用厨房的设备，可是当供应商发现大多数新生儿的父母在给小孩冲调奶粉的时候，经常把冷水和热水混合后还常要用手背来测试温度，于是就把商用的恒温水壶的设备放到了母婴类目中，并赋予了"神奇水壶快速调奶"的称号。恒温水壶在母婴类目还没有同类产品的情况下大卖，这就是打造了产品基于类目属性的差异化。再如防辐射眼镜，在大部分眼镜都在外形和款式方面投入重金竞争的时候，打造了"护眼"这个差异化竞争的卖点，从而实现用较低的推广成本达到较高的产出。

2. 产品详情细节策划

确定好产品属性后，就应该为产品的详情页策划制作细节，除了要表现产品的外观、样式、功能、使用场景以外，一个好的策划案应该具备"4个有"。

① 有分享：分享，是人类一种追求精神满足的行为，也是一种自我实现。它不仅能传递信息，还能展示自我。一个好的产品详情介绍页必须提供一个能让消费者主动分享的信息"点"。口碑传播是自商业产生以来最有效的营销方法之一，能够引导消费者分享产品的描述页面信息，同时可以获取电商平台以外的流量，因为好的设计可以引发消费者的共鸣和信任，让消费者对品牌和产品有情感认知和诉求，以达到跨平台的传播目的。

② 有情怀：随着我国中产阶级的人数日益增多，人们消费理念发生了变化。商品不仅是为了满足生活的刚性需求，更是为了展现自己的性格、偏好和生活态度，体验更加舒适自然的生活方式。这时候人们会更加倾向于选择一款能够和自己产生共鸣的产品，如锤子手机一直以来都被外界评价是一款卖"情怀"的手机，消费者也并不完全是因为手机好才购买，而是因为锤子科技的创始人罗永浩的个人魅力。

同样，情怀也是让一个新品牌获取用户的绝佳方式。例如：一家卖樱桃的电商公司，征集到了在全国曾经购买过产品的女性用户，让她们来代言产品，从卖樱桃联想到帮助女孩实现梦想，最终在众筹平台实现了500%的销售。在制作详情页的时候，供应商需要把情怀融入页面的设计当中，让消费者的情感在自己的产品中找到落脚点，从而进一步促使购买。

③ 有服务：营销不仅要在客户购买产品前，更需要在客户拿到产品以后，尤其是针对电商用户，在消费者还没有完全建立起对商家的信任之前，需要在详情页面当中体现出产品销售后如果出现问题的解决方案，让消费者购物无忧，这样才能放心下单。

④ 有关联：关联营销是为了使每一个到店的消费者都尽可能地购买更多的产品，而不是进入页面后发现产品和自己预期的有差距就跳离页面，从而造成很高的跳失率。好的关联营销可以帮助店铺节省大量的引流费用，帮助消费者节省寻找产品的

时间，还可以和消费者建立起因为关联而产生的互动。

3. 在设置关联营销内容时应注意的问题

在设置关联营销内容的时候，我们需要注意的问题如下。

① 关联内容要和供应商主推产品有密切的联系，不要放置和主推产品无关的信息。例如：服装类目的卖家可以在详情页中设置能够和主卖衣服搭配的裤子、鞋和配饰；食品类目的卖家可以在详情页中设置搭配的套餐，或者一起食用可以实现某种功效的产品。

② 关联内容不宜过多，页面也不能过长。过多的推荐会让消费者感到画面很凌乱，造成不好的用户体验，增加跳失率。

③ 在不同详情页面应该设置不同的关联产品，不要所有的产品页千篇一律。放置不同的产品会带动全店的销售，还会让消费者感受到卖家推荐的专业水平，进一步信任卖家，增加购买行为。

🔅 本章小结

本章主要介绍了跨境电商营销中的文案策划，通过对商品的定位及文字排版、字体风格等的规则介绍，结合阿里巴巴国际站中文案例策划的使用方法，阐述了文案策划的重要性和不同板块的策划方法，帮助供应商推广自身的产品和店铺。

第章
6

阿里巴巴国际站旺铺装修

　　随着移动互联网的发展与普及，全网营销时代逐渐来临，越来越多的中小企业已从原来的企业展示型网站逐步向营销型网站推进。阿里巴巴国际站平台为供应商提供了全球企业展示和营销网站，助力其开启全球网上贸易之路。同时阿里巴巴国际站还推出了旺铺 2.0 版本，不仅优化了企业及产品的信息展示，更着重突出企业自身的营销能力，提供更多可自定义的内容、更灵活的页面结构。

知识目标

1. 了解旺铺首页的整体规划；

2. 认识旺铺页面的布局结构；

3. 熟悉页面主题风格。

精彩图片

能力目标

1. 学会旺铺各个子板块的装修设计；

2. 学会移动端主要板块的设计和装修。

6.1 页面整体布局

为了设计出营销型的旺铺，让买家通过视觉带动行为，进而形成购买欲望，需要卖家前期对旺铺页面进行统一规划。对旺铺页面进行整体布局规划，可以帮助供应商树立企业形象、提升用户体验、增加店铺点击量和提高询盘反馈。

6.1.1 首页整体规划

1. 买家浏览习惯分析

美国著名网站设计师杰柯柏·尼尔森（Jakob Nielsen）的《眼球轨迹的研究》报告中指出，大多数浏览者会以"F"形状的模式阅读网页，这种基本恒定的阅读习惯决定了网页呈现 F 形的关注热度。

第一步：水平移动。

在网页最上方形成一个水平的浏览轨迹，这在旺铺中相当于店招板块。

第二步：目光下移，小范围内水平移动。

浏览者会将目光向下移，扫描比上一步短的区域。根据我国供应商的习惯，可以在导航板块下方放置 Banner，或者是产品推荐板块，尤其是新发产品、主推产品等。

第三步：垂直浏览。

浏览者完成以上两步后，会将目光沿网页左侧垂直浏览，这一步的浏览速度较慢，也较有系统性、条理性。旺铺中适宜放置产品类目，或者是比较有规律性的板块，帮助浏览者快速地抓住产品的大类目，脑海中快速进行导航分类。

结合买家浏览习惯，在旺铺首页进行规划时，应该通过各个子板块的排布顺序，简单快速地告知买家，"产品是什么""公司主要做什么""为什么要选择该产品"，也就是公司的优势。因此，分析买家浏览习惯，可以结合网页浏览习惯进行排版，从而将买家关注的内容按照重要程度分类。

2. 自身网站内容分析

（1）产品定位

在进行旺铺装修之前，供应商需要明确公司产品的销售范围、目标人群的定位。

（2）了解需求

管理全球旺铺，首先需要了解产品的价格范围，以及客户的需求范围，然后在英文站发布的任何一个产品，都应该标注明确的价格区间，且最高值不能与最低值相差悬殊。

（3）页面布局

买家在阿里巴巴国际站前台页面浏览产品的时候，容易被画面美观、产品突出的图片吸引，所以供应商应该重视图片、视频和排版给客户带来的视觉刺激。

3. 网站排版

通过了解旺铺的产品，掌握买家浏览网站的习惯后，需要将二者结合起来，然后进行旺铺页面的排版。

① 在网站中，最先进入买家视线的板块，即位于旺铺的中上方位置，可以在该板块设置 Banner，热销产品或主营产品等，容易引起买家的兴趣。

② 然后，买家视线会向中下方和右边移动，在这两个板块可以让买家放缓浏览速度，开始进行有序的浏览，形成框架。因此，该板块内容要清晰、有条理，可放置重点产品列表、产品类目等。

③ 关于图片和表格的展示形式排版。图片是最直观的表现形式，尽量放置大图，买家会对清晰地展示出详细信息的图片更感兴趣。但大图会占据较多的空间，从而影响了买家对其他页面内容的关注，所以需要使用图文结合的形式展示。如果涉及规律性较强的文字内容或数字信息，可以选择用表格的形式进行罗列。

综上所述，旺铺内容需要与买家浏览习惯相结合，同时还要考虑最后的展现形式，这样才能完成旺铺页面的精美装修。

6.1.2 页面布局组成及设置

旺铺页面主要由四个系统固定页面和两个自定义页面组成，四个系统固定页面分别是"Home""Product Categories""Company Profile"和"Contacts"，两个自定义页面的初始名为"Custom Page"，之后供应商可根据店铺实际需求进行重命名。同时，每个页面都可以根据供应商不同的设计风格创建多个版本保存在后台中。

考虑到买家浏览习惯和实际体验，页面的名称以导航栏的形式固定在旺铺页面上方，暂不支持上下移动，同时导航栏上的各页面顺序也不支持自由调整。

1. Home（首页）

Home 页面即旺铺的首页，首页最上方为店招和导航板块，均为固定板块，位置无法自由调整，点击后台装修页面可以进行背景和信息编辑。由于首页是客户进入店铺的第一页面，决定了客户对店铺产品的第一印象，所以在 Home 板块主要放置 Banner、营销和推荐产品板块等，Home 页面如图 6-1 所示。

图 6-1 Home 页面

2. Product Categories（产品类目）

Product Categories 页面中板块较少，除了通用的页面背景板块外，只可以添加一个"Iframe"板块，且该板块不支持编辑。Iframe 板块左侧展示产品分组，该分组排序跟后台"管理产品"中产品的分组顺序保持同步；右侧展示卖家的信用保障产品和在线批发产品，产品类目页面如图 6-2 所示。

图 6-2　产品类目页面

3. Company Profile（公司简介）

Company Profile 页面主要包含供应商公司基本信息、外贸出口能力、合作工厂信息和相关证书，应与后台"管理公司信息"中内容同步。同产品类目板块规则一致，只可以添加"Iframe"板块且不可编辑，如果需要修改相关的信息，则需要在后台"管理公司信息"中进行修改。如果是已经认证过的信息，则需要及时联系客户经理。公司简介页面如图 6-3 所示。

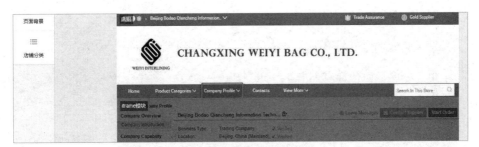

图 6-3　公司简介页面

4. Contacts（联系人信息）

Contacts 页面中包含公司默认联系人信息、公司信息和询盘直通车板块，这三个板块均不支持编辑，如果要对信息进行调整，需要在 My Alibaba 后台对应板块进行修改，如图 6-4 所示。

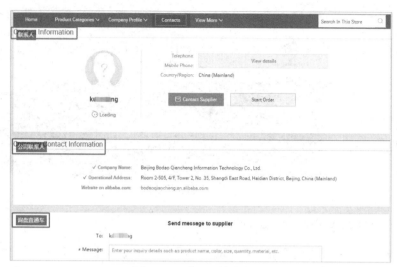

图 6-4　联系人信息页面

5. Custom Page（自定义页面）

Custom Page 的名称可以选择修改，其他页面的名称均为系统固定名称。页面名称的命名及修改会同步到旺铺前台展示板块，版本名称的命名及修改不影响前台展示，仅作用户区分版本之用。

自定义页面编辑并发布后，需要到首页的"编辑器—店招"中选择添加页面，保存发布后，该页面在前台的展示才可以生效。单击"新增"按钮可新增一个展示页面，目前只支持在旺铺中添加两个自定义页面，如图 6-5 所示。

图 6-5　自定义页面

6.1.3　页面主题风格打造

店铺页面是将丰富的产品信息和多样的排版形式组织成统一的结构页面。页面主题风格定位需要分析网站的主营产品和目标人群，然后设计不同的排版并选择背景颜色进行搭配，通过文字、图片和表格形式的相互组合，最终展现和谐的店铺风格。下面将介绍几种常见的页面主题风格。

1. 文艺风

这类产品页面一般使用简单、统一、朴素、自然的风格，设计者想象力丰富，但在页面中包含的元素较少，目的是突出重点，去除非必要的信息，避免造成买家注意力不集中，最大化地节约浏览者的时间成本。

文艺型风格涉及产品范围较广，多用在书籍、服饰、家居类产品等的旺铺的装修，文艺风格旺铺装修主题图如图 6-6 所示。

图 6-6　文艺风格旺铺装修主题图

2. 简约风

简约风店铺色调简单，特点在于对细节的把握，用简约的设计风格与文字相结合，达到随性、自然的效果。主要以科技 3C、服装、健康食品、功能类产品为主，页面效果如图 6-7 所示。

图 6-7　简约风

3. 3D 风

旺铺装修的 3D 风格不同于日常我们所熟悉的 3D 环境，而是运用 3D 效果，在扁平化的平面基础上增加一些非扁平化的元素，让整个网页显得更加灵动，给网站带来视觉纵横感，提升买家的视觉吸引力。产品多为装修建材、五金百货、运动、电子产品等，效果如图 6-8 所示。

图 6-8　3D 风

旺铺装修的风格远远不止以上几种，根据供应商不同的喜好和产品种类，阿里巴巴国际站旺铺页面的主题风格多彩多样，具体页面风格可根据各自的产品特色进行设计。

6.2　旺铺子板块装修

6.2.1　大海报背景

在旺铺设计中大海报背景很大程度上主导了旺铺装修的风格走向，同时兼任着第一时间传达重要信息的任务，其中这些重要信息包括企业实力、产品定位、目标人群、产品特点、产品优势等。以下是详细的设置页面操作步骤。

第一步：登录阿里巴巴国际站后台，单击中间页面选择"管理全球旺铺"选项，如图 6-9 所示，或者是单击"店铺管理"–"管理全球旺铺"进入旺铺装修页面，如图 6-10 所示。

图 6-9　"管理全球旺铺"页面

图 6-10　"店铺管理"页面

第二步：自动进入旺铺装修界面，如图 6-11 所示。

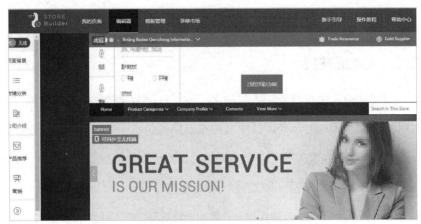

图 6-11　旺铺装修主界面

第三步：单击页面左侧的"页面背景"按钮，如图 6-12 所示。

图 6-12　"页面背景"页面

第四步：单击页面右侧选择"页面背景色"选项，除了背景图以外的空白背景均为页面背景色。可以使用选色器来设置任意背景颜色，如图 6-13 所示。

图6-13 "页面背景色"页面

第五步：在页面中点击下方的编辑区域，可上传背景图片。建议背景图片尺寸在2000px×3000px以内（最佳宽度为1920px），JPG、PNG图片格式，2MB以内。如上传的图片符合该像素，但发布后仍然显示不完整，则应考虑是否是由于屏幕分辨率的不同，导致图片的显示比例不同，如图6-14所示。

图6-14 "上传背景图片"页面

第六步：单击添加选择已制作好的背景图片，然后双击选定的背景图片，如图6-15所示，单击图中"保存并关闭"按钮，如图6-16所示。

图 6-15　背景图片选择

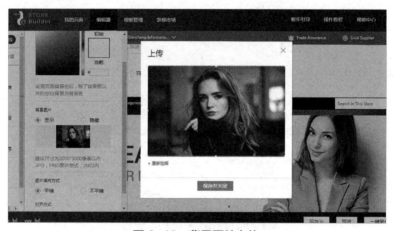

图 6-16　背景图片上传

第七步：背景图片添加完成后，需要预览图片，并检查一下呈现效果，单击下侧的"预览"按钮，选择"PC"选项，即可预览上传好的背景。确定无误后，单击"发布"按钮，完成背景图片上传，如图 6-17 所示。

图 6-17　页面"发布"/"预览"

6.2.2　店招

在首页装修页面中，店招板块位于页面的最上方。店招是一个旺铺的招牌，也是展示旺铺形象的一个重要板块。买家进入旺铺首先看到的就是店招板块，然后会对旺铺给出一个大致的定位。下面将详细介绍设计店招板块的步骤。

第一步：根据招牌底图的上传要求，图片尺寸定为1200px×280px，考虑到图片上、下各有44px的高度将会被遮挡，制作时应尽量避开此区域。

打开Adobe Photoshop，新建画布，其尺寸为1200px×280px，单击"确定"按钮，如图6-18所示。在新建的画布底部44px位置处建立参考线，预留导航栏位置，如图6-19所示。

图6-18 画布页面新建

图6-19 参考线建立

第二步：添加企业Logo，将Logo放入合适位置，可以按住"Shift"键调整Logo大小，如图6-20所示。

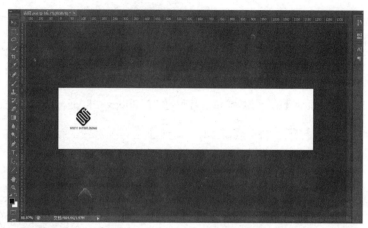

图 6-20　企业 Logo 页面

第三步：单击 Adobe Photoshop 左侧的文字编辑工具，选择"横排文字工具"，如图 6-21 所示。在画布适当位置处选择出文字编辑区域，输入公司或企业名称，完成后保存图片，如图 6-22 所示。

图 6-21　选择横排文字工具

图 6-22　加入公司 Logo

　　第四步：在阿里巴巴国际站后台页面装修区域单击"店招"板块，右侧会出现编辑区，如图 6-23 所示。

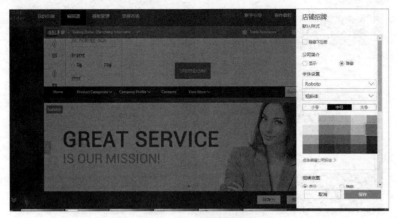

图 6-23　店招编辑区

　　第五步：单击"招牌底图"下方的编辑区域上传招牌底图，如图 6-24 所示。选择已制作保存好的图片，出现如图 6-25 所示的界面，单击"Save and Close"按钮，然后点击右下方"保存"按钮，如图 6-26 所示。

图 6-24　招牌底图页面

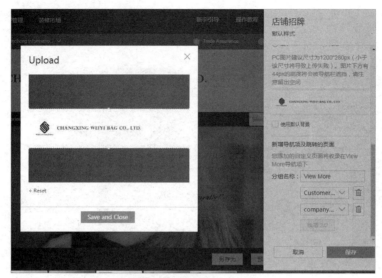

图 6-25 招牌底图上传

图 6-26 "保存"按钮

第六步：单击下方的"预览"按钮，选择"PC"选项，即可进行预览，如图 6-27 所示。

图 6-27 "预览"按钮

6.2.3　Banner

Banner 是网站页面的横幅广告，也是用来表现商家广告内容的图片。成功的 Banner 主题明确，没有过多的干扰元素，让用户一眼就能识别广告含义。下面将详细介绍 Banner 板块的设计步骤。

第一步：在旺铺后台页面编辑区域，鼠标放置在 Banner 海报编辑区，如图 6-28 所示。

图 6-28　Banner 板块

第二步：单击 banner 区域，出现编辑区，如图 6-29 所示。

图 6-29　Banner 编辑区

第三步：单击选择设置"图片高度"选项，例如选择"450"，然后单击"确认"按钮，如图 6-30 所示。

图 6-30　设置 Banner 高度

第四步：打开 Adobe Photoshop 软件，新建画布大小为 1 200px×450px，单击"确定"按钮，如图 6-31 所示。接着插入拍摄的图片，按住"Ctrl+T"键调整到适当大小及适当位置，如图 6-32 所示。

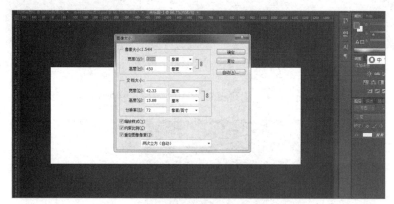

图 6-31　画布新建

图 6-32　图片插入

第五步：复制一层图层，调整图层模式，如"柔光"，如图 6-33 所示。降低图层透明度到合适为止，如图 6-34 所示。

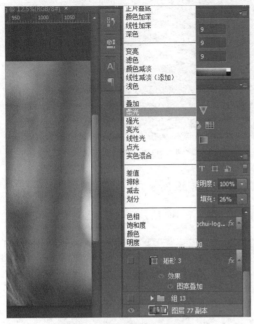

图 6-33   图层模式调整 　　　　　　　　　图 6-34   图层透明度降低

第六步：单击左侧"文字编辑"工具，在右侧画布中拖选出文字位置区域，如图 6-35 所示。在文字选框区域输入相应的海报促销文案，调整文字大小、文字颜色，选择字体，如图 6-36 所示。

图 6-35   文字编辑工具选择 　　　　　　　图 6-36   促销文案填写

第七步：单击左侧的选框工具，选择"矩形工具"，如图 6-37 所示，在右侧画布中画出一个矩形框，并双击调整矩形图形的颜色，选取合适颜色并单击"确定"按钮，如图 6-38 所示。

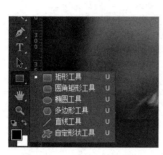

图 6-37　矩形选框工具

图 6-38　颜色选择

第八步：单击左侧"文字编辑"工具，如图 6-39 所示，在右侧矩形图形上方画框写入文字并调整到合适大小、颜色和位置，如图 6-40 所示。

图 6-39　文字编辑工具

图 6-40　文字调整

第九步：复制一层之前的矩形图形，使用移动工具，将图片移动到合适位置，如图 6-41 所示。

图 6-41　图形复制

第十步：调整复制的矩形图形的颜色，如图 6-42 所示。

第十一步：新建一个图层，绘制一个白色的矩形框，在工具栏中单击"滤镜"—"模糊"—"动感模糊"，调整动感模糊距离到合适值，并降低图层的不透明度。

然后加入企业 Logo,调整优化海报页面整体,海报制作完成如图 6-43 所示。

图 6-42　颜色调整

图 6-43　海报页面优化

第十二步:确定保存为 web 模式下 JPEG 格式。在阿里巴巴国际站旺铺 Banner
编辑模块,上传 Banner 图片,如图 6-44 所示。

图 6-44　Banner 图片上传

第十三步：选中设计好的 banner 图片进行上传，单击"保存并关闭"按钮，如图 6-45 所示。

图 6-45　图片上传/编辑

第十四步：依次单击"保存"—"预览"—"PC"，即可查看店铺上传效果，如图 6-46 所示。

图 6-46　Banner 页面预览

6.2.4　产品推荐

产品推荐板块使用率高，可以更好地展示店铺中的爆款和新品。

第一步：单击页面中的编辑页面左侧任务栏中的"产品推荐"按钮，该板块有多种产品推荐模块和方式，可以选择其中一种，如"重点推荐"，如图 6-47 所示。

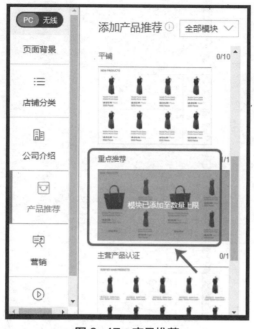

图 6-47　产品推荐

第二步：鼠标停留在"重点推荐"模块，按住并拖曳到右侧画面中的适当位置，如图 6-48 所示。

图 6-48　添加"重点推荐"模块

第三步：单击添加好的"产品推荐"模块，右侧出现编辑区，如图 6-49 所示。

第四步：在"产品推荐"编辑区中选择"手动选择"选项，单击"选择产品"选项，出现选择产品的界面，即可选择想要推荐的产品，选择好要推荐的产品后，单击"确认"—"保存"按钮，如图 6-50 所示。

产品推荐

重点推荐

产品推荐

◉ 自动选择   ◯ 手动选择

最新   ∨

模块标题

English   18/50

Highly recommended   ✕

ViewMore链接至

链接请输入阿里巴巴集团网站的链接，并
以http://开头，其他网站的链接系统将自
动删除。

[   ] ☰

选择链接页面类型   ✕

商品详情页

店内其他页面

店内搜索结果商品列表

店内类目商品列表页

图 6-49　"产品推荐"编辑区

图 6-50　选择产品

第五步："产品推荐"模块设置完成后，单击"保存"按钮，即可进行预览，如图 6-51 所示。

图 6-51　"产品推荐"模块完成

6.2.5　客服模块

客服模块只需添加后设置好 Trade Manager 账户,即可在旺铺上实现多旺旺展示。

第一步:在后台旺铺装修编辑页面,单击左侧任务栏中的"营销"按钮,找到"客服模块"进行添加,如图 6-52 所示。

图 6-52　营销－客服模块

第二步:拖拉"客服模块"将其添加到中间页面的适当位置,如图 6-53 所示。

第三步:单击添加完成的"客服模块"选项,即右侧出现编辑区,如图 6-54 所示。

图 6-53　客服模块添加

图 6-54　板块编辑

第四步：单击"设置客服账户"按钮，进入"设置客服账户"对话框，供应商对客服账号和头像进行设置，如图 6-55 所示。

图 6-55　设置客服账户

第五步：添加客服账户信息之后，单击"确认"按钮并"保存"，完成之后可进行预览。客服板块预览页面如图 6-56 所示。

图 6-56　客服板块预览

6.2.6　自定义模块

自定义模块提供 HTML 编辑、文字录入、上传图片等功能。目前比较热门的自定义运用有：展示公司宣传图、多个旺旺联系人、多语言旺铺页面等。

每个旺铺可以添加共 15 个自定义模块，同一个自定义模块的字符数不超过30 000 个。自定义模块在窄栏、宽栏和通栏下均可以添加，在编辑器的左侧任务栏中选择"营销"，添加"自定义内容区"至展示区即可完成模块的添加。

第一步：在后台旺铺装修页面，单击"营销"—"自定义内容区"，如图 6-57 所示。

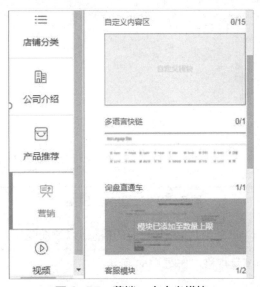

图 6-57　营销 – 自定义模块

第二步：拖曳"自定义内容区"到中间页面的合适位置，单击添加完成的"自定义内容区"模块，右侧显示编辑区域，如图 6-58 所示。

图 6-58　自定义模块编辑区

第三步：单击"设置自定义内容"按钮，上传已经设计好的自定义模块图片，或者自定义信息，如图 6-59 所示。

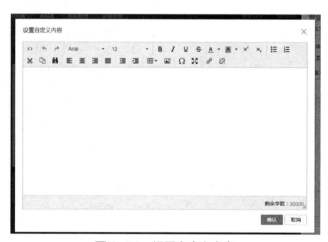

图 6-59　设置自定义内容

第四步：单击"添加"按钮，并添加相应的信息，以添加图片为例，点击图片标识，上传符合系统规定的图片规格，如图 6-60 所示。

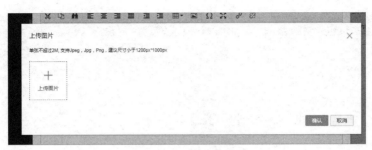

图 6-60 上传图片

第五步：添加信息成功之后，单击保存预览，如图 6-61 所示。

图 6-61 自定义模块预览

6.3 移动端装修

全球旺铺 2.0 页面装修后台，分 PC 端和无线端两套编辑器，可一键切换。

旺铺 2.0 无线端自从上线到支持独立装修，充分借助多媒体、自定义等工具，帮助商家更好在移动端展示公司实力与信誉，获得了高效的商机转化率。

6.3.1 首页设计

打开旺铺后台装修页面，单击"编辑器"页面，单击左侧导航栏的"无线"按钮，如图 6-62 所示。

图 6-62　切换无线端装修

1. 店铺招牌

店招底图在 PC 端和无线端的尺寸差别较大，需要分开设计并上传图片。在没有上传店招底图之前，无线端使用的是默认的店招图片。无线旺铺的店招底图尺寸为750px×240px，由于展示空间有限，设计制作无线端店招图时一般不建议添加过多文字内容，可以使用符合公司形象、产品风格的图片。

第一步：单击店招区域，展示右侧编辑区，如图 6-63 所示。

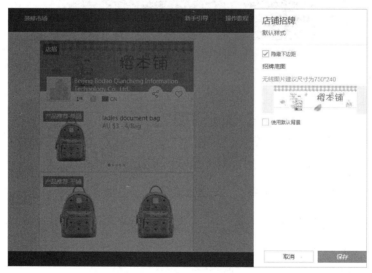

图 6-63　店招板块编辑页面

第二步：单击店招底图，上传店招图片，单击 "Save and Close" 按钮，如图 6-64所示。

图 6-64　店铺招牌底图上传

第三步：上传店招图片完成之后，单击"保存"并预览无线端效果，如图 6-65 所示。

图 6-65　店铺招牌无线端预览

2. 店铺分类

主营类目模块最多只能添加 1 个，主要根据产品系列向买家推送公司的主营类目及产品，让买家对旺铺产品一目了然。

第一步：在编辑器的左侧任务栏中选择"店铺分类"，添加"主营类目"至展示区完成模块的添加，如图 6-66 所示。

图 6-66　店铺分类页面

第二步：添加完模块后，单击展示区的"主营类目产品"按钮，在右侧弹出的编辑表单中即可设置该模块的内容，如图 6-67 所示。

图 6-67　主营类目产品模块编辑区

第三步：在主营类目板块中，可以展示 4 个主打的产品分类，每个分类下又能展示 6 个产品，是旺铺中比较清晰的产品导购模块。针对需要推荐为主营类目的产品，系统提供了自动选择或手动选择两种方式。在"自动选择"方式下，由系统按更新时间自动选择产品分组中前四个一级分组进行类目展示，可单击主营类目下方的"设置类目顺序"预先进行产品分组管理与排序，如图 6-68 所示。

图 6-68　自动选择产品

第四步：在"手动选择"方式下，需要自行选择想要展示的产品，可展示 4 组，共 24 个产品。单击"选择商品"选择框，在弹出的对话框中选择产品分组，将需要展示的产品一一选中，确认完成，如图 6-69 所示。拖动产品图片可调整展示顺序。

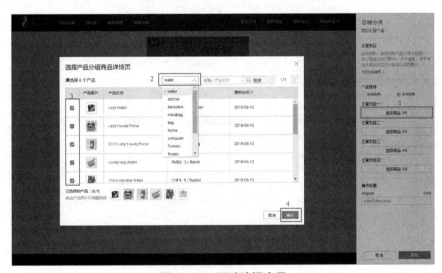

图 6-69　手动选择产品

第五步：依次完成其他主营类目商品的添加，并输入模块标题，设置完成后，单击"保存"按钮。发布后，访客在无线旺铺页面点击"类目"可跳转到该类目下所有产品列表页。

3. 视频

无线端首页支持添加视频，且最多只可添加一个。具体的操作方法如下。

第一步：上传视频至视频银行。

拍摄高质量的企业或产品宣传视频，上传至视频银行。时长在 10min 以内，大小在 500M 以内。

第二步：添加视频模块。

在编辑器的左侧任务栏中选择"视频"工具，添加"视频模块"至展示区，即可完成模块的添加，如图 6-70 所示。

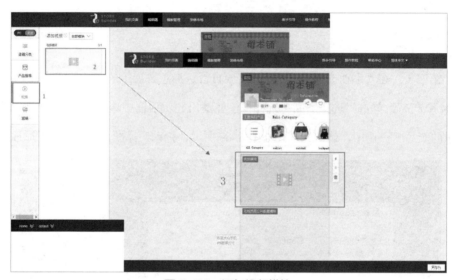

图 6-70　添加视频模块

第三步：编辑内容。

如图 6-71 所示，单击展示区的视频模块，在右侧的编辑框中对视频内容进行设置：

① 单击"选择视频"按钮从视频银行中选取视频上传；

② 如果需要自定义视频封面图，可设置上传 750px×422px 的图片；

③ 调整视频宽高比，无线旺铺支持 3 种视频尺寸：16：9、4：3、1：1。

第四步：预览及发布。

完成编辑后，依次单击"保存"—"预览"—"发布"按钮，旺铺视频就添加成功了。目前无线旺铺视频不支持预览，发布后可查看实际效果，视觉预览效果如图 6-72 所示。

图 6-71　编辑内容

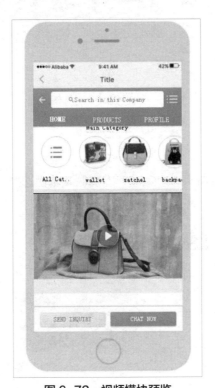

图 6-72　视频模块预览

6.3.2　产品推荐设计

1. 智能产品推荐

单击"产品推荐"按钮，找到"智能产品推荐"模块，将其添加到展示区的合适位置即可。该模块为智能千人千面模块，根据买家行为展示供应商店铺内最合适的产品，不支持编辑，如图 6-73 所示。

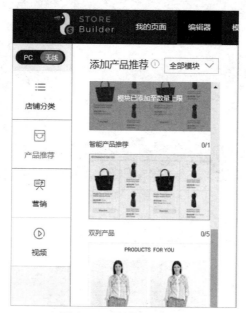

图 6-73　智能产品推荐

2. 平铺

第一步：单击页面编辑，在页面左侧任务栏中依次选择"产品推荐"—"平铺"，添加该模块到中间展示区，如图 6-74 所示。

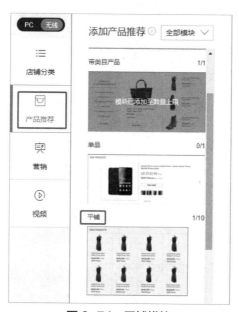

图 6-74　平铺模块

第二步：单击添加好的产品推荐模块，右侧出现编辑区。点击"自动选择"或"手动选择"单选按钮，即可选择想要推荐的产品，选择好要推荐的产品后，单击"保存"按钮，如图 6-75 所示。

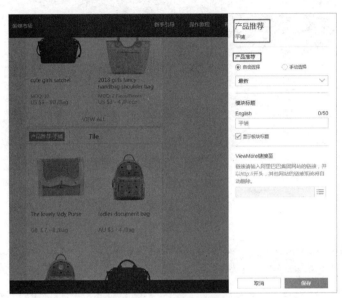

图 6-75 平铺模块添加产品

除以上常用模块外，产品推荐中还有其他更多模块可供选择，具体的操作方法大同小异，这里便不做详解。

6.3.3 营销设计

在"营销"分类下，有 4 种类型，分别为："轮播 Banner""热区切图""单张图片""标题"。

1. 轮播 Banner 模块

轮播图仅支持在 PC 首页、自定义页和无线旺铺的首页添加，无线旺铺首页一共可添加 2 个轮播 Banner 模块，每个轮播模块可添加 5 张轮播图，轮播图宽固定为750px，高度则可设置为 250px、350px 或 450px，仅支持 JPG/PNG 格式。

第一步：在编辑器的左侧任务栏中选择"营销"如图 6-76 所示，拖曳"轮播Banner"至展示区完成添加，单击该模块即可看到编辑表单，如图 6-77 所示。

图 6-76　轮播 Banner 模块　　　　　　图 6-77　轮播 Banner 编辑模块

第二步：单击出现的"图片设置"下方的"上传并编辑图片"，单击图片编辑区域，找到设计好的 Banner 海报，并双击上传，如图 6-78 所示。

图 6-78　上传 / 编辑图片

第三步：上传照片完成之后，单击"保存"按钮，即可预览。

2. 热区切图模块

将设计好的图片上传，在图片上自定义绘制区域，添加需要添加的链接，即热区切图功能。

第一步：拖曳"热区切图"模块，将其添加到中间展示区，如图6-79和图6-80所示。

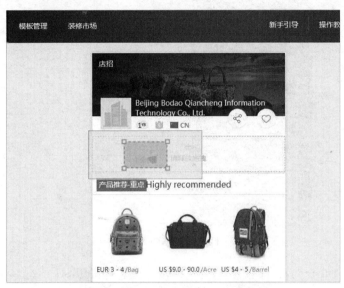

图 6-79　"热区切图"模块添加

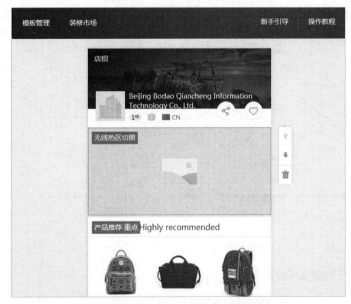

图 6-80　"无线热区切图"添加完成后

第二步：单击添加好的"无线热区切图"模块，出现右侧编辑区，如图 6-81 所示。

图 6-81 "热区切图"编辑区

第三步：单击"隐藏下边距"，然后单击"设置热区切图"按钮，出现如图 6-82 所示的对话框。

图 6-82 "热区切图"上传图片

第四步：单击"上传图片"按钮，找到设计好的产品分类专区图片，并开始上传，上传完成之后单击"保存"按钮，如图 6-83 所示。

图6-83　上传产品图片

第五步：添加调整热区覆盖大小，并移动到合适位置，在右侧相应位置添加该热区的跳转链接，如图6-84所示。

图6-84　热区调整、链接添加

第六步：设置添加好所有的热区内容后，单击"完成"，并单击"保存"按钮即可。

3. 单张图片

第一步：在编辑器的左侧任务栏中选择"营销"，单击并拖曳"单张图片"模块，将其添加到展示区，如图6-85所示。

图 6-85　单张图片模块

第二步：单击添加好的图片模块区域，出现编辑区，单击"添加上传图片"按钮，可添加设计好的单张海报图或单张区域模块图，如图 6-86 所示。

图 6-86　单张图片编辑

第三步：设置好之后单击"保存"按钮即可。

4. 标题

标题模块较为简单，直接从左侧营销栏目中进行添加，右侧进行标题编写即可，可用于旺铺装修时其他模块的标题板，设置好之后可进行预览，如图 6-87 所示。

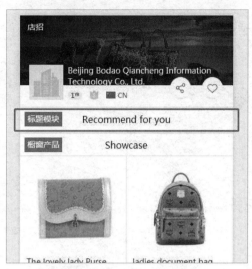

图 6-87　标题预览页面

至此，简单的手机端页面装修算是完成，如有其他需求或营销策划方案，可按照供应商的策划来执行店铺设计装修。

⚙ 本章小结

本章主要介绍了阿里巴巴国际站旺铺装修的布局理念和装修操作，对旺铺装修过程中的重要板块进行实操演示，讲述了从设计要求到预览完成的各个细节设置操作，帮助读者了解旺铺装修的个性化设计。

第 章

7

视觉营销与无线端的关系

在日常生活中电子设备的使用日渐频繁，人们已经习惯随时随地使用手机浏览店铺下单购物。不管是国内的电商平台，如天猫、京东等，还是跨境的电商平台，如阿里巴巴国际站、亚马逊等，无线端所占的比重已经越来越大。因此，跨境供应商更应当重视无线端的视觉营销，抓住新潮流下的"无线市场商机"。

知识目标

1. 了解商品在阿里巴巴国际站无线端的展示内容；

2. 熟悉外贸直通车和自然产品的展示位置和独特标识；

3. 了解移动端电商设计优化的要点。

精彩图片

能力目标

掌握移动端电商设计优化的方法，并能够独立完成优化操作。

7.1 阿里巴巴国际站无线端的展示

阿里巴巴国际站无线端分为网页版和 App 版，两个版本的页面显示内容略有差异。下面将详细介绍具体的展示内容。

1. 无线端包含模块

登录阿里巴巴国际站后台，如图 7-1 所示，单击"店铺管理"—"管理全球旺铺"，在页面左上端进行切换将 PC 端转变为无线端，在该页面的左侧编辑模块中，包含的是旺铺无线端前台页面模块的展示范围，如图 7-2 所示。

图 7-1　旺铺无线端后台页面

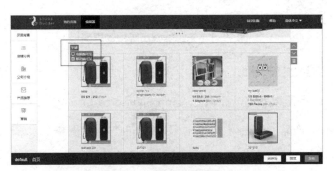

图 7-2　模块可展示范围

2. 无线端网页版的展示

① 无线端网页版，可以使用手机访问，或者在电脑浏览器中输入网址 m.alibaba.com 就可以直接访问，如图 7-3 所示。

图 7-3　无线端网页版网址

② 一口价产品在搜索栏中没有独立标签，但会在商品名左上角显示"Wholesaler"，如图 7-4 所示。

图 7-4　无线端网页版搜索界面

③ 用关键词搜索时，如果搜索词中含有对应供应商的顶级展位产品，那排在搜索结果第一名的是顶级展位，标识为"Top Sponsored Listing"，接下来展示 5 个外贸直通车（P4P）产品，标识为"Sponsored Listing"，如图 7-5 和图 7-6 所示。

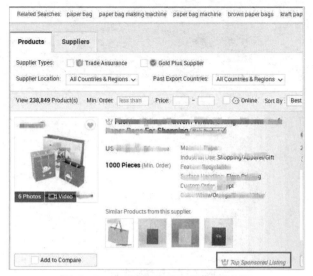

图7-5　无线端网页版顶级展位产品

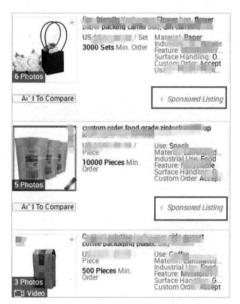

图7-6　无线端网页版P4P产品

④ 接着排在P4P产品后面的为自然排名产品和橱窗产品的混合展示，没有独特的标识，如图7-7所示。

图 7-7　自然排名产品

3. 移动端 App 的展示

① 一口价产品在搜索栏中没有独立标签，但会在商品名左上角显示"Wholesaler"。

如图 7-8 所示。

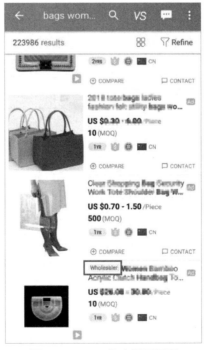

图 7-8　App 搜索显示界面

② 在 App 端，产品的搜索结果页面不展示顶级展位，前面 10 个为外贸直通车
（P4P）产品，如图 7-9 所示。

③ 从第 11 名开始是自然排名产品。移动端 App 由于触摸屏手机特性的原因，
一般采用滑动方式操作无分页，如图 7-10 所示。

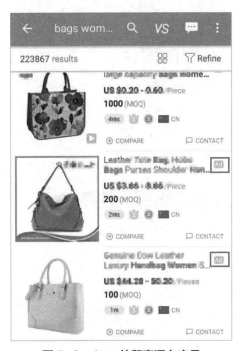

图 7-9　App 外贸直通车产品

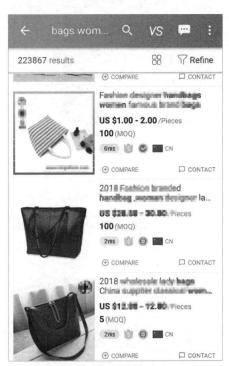

图 7-10　App 自然排名产品

7.2　移动端电商设计的优化

阿里巴巴国际站移动端受屏幕尺寸限制，没有固定的分页页面，以方便买家进
行多次快速地浏览。商品的图片是否具有直观性，是能否吸引买家点击的决定性因素，
因此，想要提升阿里国际站移动端的转化率，做好电商视觉设计优化，就应该把移
动端的图片优化放在首位。

1. 图片的清晰度和尺寸

移动端的商品图片经常占到了商品页面屏幕的绝大部分面积。对于商品图片来
说，图片的清晰度、尺寸大小都会影响商品在移动端的展示。移动端的商品主图建

议采用长度、宽度比为 1：1 的正方形，其他图片可选择长度大于宽度的长方形。选择更好地适配角度，一般正方形的商品图片优于长条形的商品图片，如图 7-11 和图 7-12 所示。

图 7-11　正方形商品图

图 7-12　长条形商品图

2. 细节图

在移动端可以通过手势左右滑动，查看商品的多张主图，非常方便，但是查看描述页面时需要再次点击进入页面。供应商应该充分利用好主图板块，通过多图、细节图尽量让买家通过主图就能大致了解商品的基本情况，如多角度展示产品、产品细节、产品认证、卖点等，如图 7-13 和图 7-14 所示。

图 7-13　多角度展示产品

图 7-14　产品卖点和认证突出

3. 慎用水印、边框

商品的图片上尽量不要加文字、水印，水印会影响图片的美观；文字在无线端可能会看不清楚，反而影响整体效果。店铺和品牌的 Logo，可以放在商品的上方角或者下方角，以不挡住商品为基本要求。同时，建议同一个店铺内的 LOGO 都放在统一的位置，有利于提升质感，加强店铺的辨识度和认知度。边框建议不加，在移动端的搜索页和产品 List 结果页，加上边框会让商品看起来不美观，对引流产生负面的影响。

首页的图片介绍要简短，忌用大段的介绍性文字；Banner 只需要公司 Logo，公司名称下方加一句公司服务宗旨即可。在不影响产品信息的情况下，橱窗的产品详细描述页中，可以适当扩展公司的其他主打产品或是凸显公司的优势，但穿插的关联内容切不可喧宾夺主，如图 7-15 和图 7-16 所示。

Material	100% cotton, (100% polyester, poly/cotton 65:35,poly/cotton 40:60) 提供其他面料

图 7-15　产品关联内容一

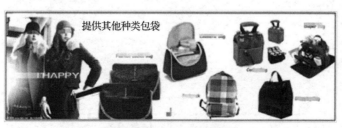

图 7-16　产品关联内容二

4.控制图片的K数

移动端的买家在访问的时候，网络情况不稳定，可能出现打开过程中加载缓慢的情况。为了保证买家在移动端的打开速度、清晰度，图片K数尽量最小。可以在PS中将图片存为Web格式，如图7-17所示，并且通过调整"品质"的数字，在清晰度和K数之间取最佳值，如图7-18所示。

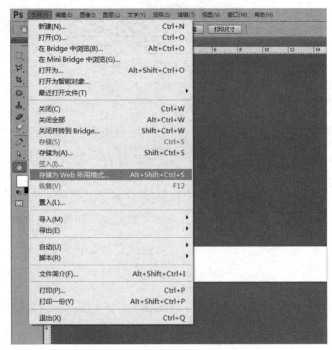

图7-17　图片Web格式保存界面

图7-18　图片K数设置

5. 突出主体，注意背景和拼图数量

① 主体：大小适中，居中展示，不宜过大或过小，产品图片需完整。

② 背景：建议浅色或纯色底，推荐使用白底（如浅色产品可用深色背景），不建议使用彩色底及杂乱的背景，这类背景大多会分散买家的注意力，但具体需要结合店铺的产品种类和目标客户进行设计，如图 7-19 所示。

图 7-19　产品主图设置示例

此外，产品主体应该在图片中突出展示，且拼图数不可过多，商品主体最好是 1～3 个，不建议 3 个以上，数量太多在无线端显示清晰度不是很高，影响引流和转化，如图 7-20 和图 7-21 所示。

图 7-20　图片产品主体

图 7-21　主体拼图过多

6. 展示风格统一

首页各大板块,以及产品主图等的风格、色调要保持一致,忌五颜六色各种拼凑。例如,在国际站店铺中的橱窗产品,根据公司分工的不同,可能交由不同业务员来打理,不同业务员会使用不同风格的产品图片,那么就会导致橱窗产品整体缺少统筹性和系列性。

7. 定期更新视觉效果

做好数据统计和竞争对手的习惯分析,了解哪种类型的店铺和产品视觉组合效果有更高的客户引流和转化率,以此为依据,对老旧的视觉设计进行更新替换,增加客户的新鲜度和好感度,进而吸引并留住更多客户。

本章小结

本章详细介绍了卖家网店在阿里巴巴国际站无线端的展示,即网页版和 App 版的展示效果,并提出移动端电商设计的优化建议,突出跨境电商无线端的视觉营销重点是在于提升图片的视觉效果,将视觉营销的引流和转化效果最大化。

索　引

索引使用说明

A～Z（英文）

Banner　149、149（图）、169（图）
　　板块（图）　169
　　编辑区（图）　169
　　示例（图）　149
　　文案策划　149
Banner 板块设计步骤　169～174、
　　　　　　　　　170～174（图）
　　促销文案填写（图）　171
　　海报页面优化（图）　173
　　画布新建（图）　170
　　矩形选框工具（图）　172
　　设置高度（图）　170
　　图层模式调整（图）　171
　　图层透明度降低（图）　171
　　图片编辑（图）　174
　　图片插入（图）　170
　　图片上传（图）　173、174
　　图形复制（图）　172
　　文字编辑工具（图）　172
　　文字编辑工具选择（图）　171
　　文字调整（图）　172
　　颜色调整（图）　173
　　颜色选择（图）　172
　　页面预览（图）　174

A～B

阿根廷小镇（图）　20
阿里巴巴 Logo（图）　15
阿里巴巴国际站　153、197
　　旺铺装修　153
　　无线端展示　197
爱尔兰建筑（图）　21
安全出口标志（图）　13
案例效果（图）　120
板块编辑（图）　178

半透明化效果（图）　115
饱和度　11
背景　51～53、205
　　过度曝光（图）　53
　　过曝　52
　　和拼图数量　205
　　与商品颜色相近（图）　51
背景橡皮擦　83、83（图）
　　工具效果（图）　83
背景纸　37、38（图）
边框　203
标尺　86、87
　　参考线　86
　　测量线　87
标尺工具　86～88
　　位置（图）　87、88
　　效果（图）　88
标题　194、195（图）
　　预览页面（图）　195
标准焦段镜头拍摄场景（图）　29
标准罩　33、33（图）
不要选择和商品颜色相近的颜色做背景　51
不同感光度下拍摄图片对比（图）　40
布光　41、43、48
　　方法　43
　　拍摄准备工作与技巧　48

C

参考标准线（图）　87
差异化竞争　150
产品　151、176（图）、203（图）、205（图）
　　关联内容（图）　203
　　卖点和认证突出（图）　203
　　详情细节策划　151
　　选择（图）　176
　　主图设置示例（图）　205

产品推荐　174、175～177（图）、187

　　　编辑区（图）　176

　　　模块完成（图）　177

　　　设计　187

长焦镜头拍摄场景（图）　29

长条形商品（图）　202

橙色　14、14（图）

创意光绘画面（图）　40

创意文字设计方法　145、146

　　　促销　145

　　　促销海报示例（图）　145

　　　商品和品牌品质强调　146

　　　商品示例（图）　146

纯色背景　51、52（图）、60、60（图）

　　　构图　60

　　　商品（图）　52

　　　商品展示（图）　60

　　　使用　51

D

大海报背景　161～164、161～164（图）

　　　背景图片上传（图）　164

　　　背景图片选择（图）　164

　　　店铺管理页面（图）　161

　　　管理全球旺铺页面（图）　161

　　　上传背景图片页面（图）　163

　　　旺铺装修主界面（图）　162

　　　页面背景色页面（图）　163

　　　页面背景页面（图）　162

　　　页面发布预览（图）　164

单反相机　26、27

　　　镜头（图）　27

　　　示意（图）　26

单张图片　193、194（图）

　　　编辑（图）　194

　　　模块（图）　194

倒影效果（图）　116

灯架　37、38（图）

灯具　31、32

　　　附件　32

等比例切图效果（图）　92

店铺分类　183、184（图）

　　　页面（图）　184

店铺招牌　182、182（图）、183（图）

　　　板块编辑页面（图）　182

　　　底图上传（图）　183

　　　无线端预览（图）　183

店招　148、149（图）、164、165～168（图）

　　　保存按钮（图）　168

　　　编辑区（图）　167

　　　参考线建立（图）　165

　　　画布页面新建（图）　165

　　　加入公司 Logo（图）　166

　　　示例（图）　149

　　　文案策划　148

　　　选择横排文字工具（图）　166

　　　预览按钮（图）　168

　　　招牌底图上传（图）　168

　　　招牌底图页面（图）　167

电商商品拍摄展示角度　62～64

　　　服装　62、63（图）

　　　功能类商品　64、64（图）

　　　日常用品　63、63（图）

电子商务视觉营销分类　2、3

　　　销售视觉　3

　　　引流视觉　2

对比色　19

多角度展示产品（图）　202

E～F

鳄鱼光　45、46（图）

　　　拍摄效果（图）　46

　　　拍摄注意点　45

二次构图　136

反光板　36、37（图）

反光伞　34、34（图）

仿制图章工具　81、81（图）
　　选择（图）　81
仿制图章效果（图）　81
分辨率　72、73
　　设置　73
　　调节步骤　72
粉色　15、16（图）
蜂巢　35、35（图）
辅助工具使用　86
复制移动图层功能效果（图）　91
附件　31

G~H

感光度　40
感光元件（图）　27
构图　53、57
　　方法　57
关联营销内容设置注意问题　152
光斑效果（图）　49
光的分类　41、42
　　柔光　41、42（图）
　　硬光　41、41（图）
光圈　38、39（图）
　　大小（图）　39
光影　48（图）、126
　　调整　126
　　效果（图）　48
广角镜头拍摄场景（图）　29
黑夜中的篝火（图）　12
横幅广告　169
红色　11、12（图）
蝴蝶光　44、45（图）
　　拍摄效果（图）　45
　　重点　44
互补色　19、19（图）
　　应用（图）　19
画笔　77、79（图）
　　变暗模式效果（图）　79

使用　77
画笔模式　77～80
　　变暗模式　78
　　变亮模式　79
　　变亮效果（图）　80
　　滤色模式　80
　　其他模式（图）　78
　　原图（图）　78
　　正片叠底模式　80
画出路径（图）　105
黄色　14、14（图）

J

加色法原理　9
减色法原理　10
剪切蒙版使用　121、122（图）
　　操作界面（图）　122
　　示意（图）　122
建立选区后效果（图）　107
渐变工具　85
渐变色　85（图）、86（图）
　　编辑修改（图）　85
　　模式展示效果（图）　86
　　选中区域修改（图）　86
近景　55、56（图）
　　效果（图）　56
惊喜色　20
井字构图（图）　58
井字构图法　57
景深控制　51
警告牌（图）　14
镜头　28、28（图）、30
　　M/A 转换按钮　30
　　光圈　30
　　焦段　28
　　特有标识　30

K

可变光圈镜头（图）　30

客服 178（图）、179（图）
　　板块预览（图）　179
　　账户设置（图）　178
客服模块 177、177（图）、178（图）
　　添加（图）　178
　　营销（图）　177
抠图后效果 52
跨境电子商务视觉营销 4、8、20
　　三大要素　8
　　色彩应用　20
跨境电子商务图片版权 5
快门 39
快速蒙版使用 122～124、122～125（图）
　　操作示意（图）　124
　　晶格化工具位置（图）　124
　　晶格化效果（图）　125
　　使用画笔效果（图）　123
　　未选区域效果（图）　123
　　效果（图）　123
　　羽化效果（图）　124
　　原图选中区域（图）　122
　　最终效果（图）　125

L~M

拉直图层效果（图） 89
蓝色 12、13（图）
　　天空（图）　13
雷达罩 34、35（图）
链接图层 98、98（图）
邻近色 18
路径 104、104（图）、105（图）、119（图）
　　菜单位置（图）　104
　　参数设置（图）　105
　　面板修改（图）　119
　　使用　104
伦勃朗光 44、44（图）
　　基本光效　44
　　拍摄效果（图）　44

轮播 Banner 189、190（图）
　　编辑模块（图）　190
　　模块　189、190（图）
轮廓光 46、47（图）
　　拍摄效果（图）　47
　　特征和造型优势　46
滤色处理效果（图） 80
绿色 13、13（图）
买家浏览习惯分析 154
　　垂直浏览　154
　　目光下移　154
　　水平移动　154
美女光 45
蒙版 114、114（图）、116（图）
　　操作（图）　116
　　渐变色效果（图）　114
　　使用　114
　　填充效果（图）　114
描边路径（图） 106
　　效果（图）　106
明度 11
模块－自定义营销（图） 179
魔术橡皮擦 83、84（图）
　　工具效果（图）　84

N~P

能力目标 2、9、24、66、139、154、197
尼康 70～200mm 镜头（图） 30
挪威小镇（图） 21
拍摄 24、43（图）
　　基础知识　24
　　现场布光（图）　43
拍照手机（图） 24
派拉蒙光 44
配色技巧 16
平衡构图（图） 59
平衡构图法 58
平铺 188

平铺模块　188、188（图）、189
　　添加产品　189

Q～R

气质色使用场景（图）　18
卡片机（图）　25
前景效果（图）　57
切片工具　91、92（图）
　　位置（图）　92
取景　53、54（图）
　　类型　54
取景注意事项　56、57
　　前景后景　57
　　人物位置　57
　　照片比例　57
　　主体左右内容　56
去色操作界面（图）　117
全景　54、54（图）
　　效果（图）　54
热区切图模块　191～193、191～193（图）
　　编辑区（图）　192
　　产品图片上传（图）　193
　　链接添加（图）　193
　　热区调整（图）　193
　　添加（图）　191
　　添加完成后（图）　191
　　图片上传（图）　192
人物中间区域选择（图）　120
柔光拍摄（图）　43
柔光伞　34、34（图）
柔光箱　33、33（图）
如何拍一张好照片　38

S

三角光　44
三原色　9
色彩　8、11、20、133
　　三个基本属性　11

设计　8
调整　133
心理学　11
应用　20
色彩基本属性　9～11
　　饱和度　11
　　明度　11
　　色相　11
色光三原色　9、10（图）
色环　17
色料三原色　10、10（图）
色相　11
删除路径（图）　107
扇形选择（图）　95
商品陈列拍摄构图技巧　60
商品定位　139、140
　　优势　140
商品定位内容　140、141
　　包装　140
　　产品线　140
　　功能属性　140
　　基本营销策略　141
　　卖点　141
　　品牌属性　141
　　外观　140
商品风格适合实景搭建原则　61、62
　　商品相关性　62
　　商品与背景风格统一（图）　62
　　商品与背景性质相近（图）　61
　　相同材质　61
商品拍摄　23、24、51
　　基础知识　24
　　注意点　51
商品图片　65、125
　　处理　65
　　美化　65、125
上传 / 编辑图片（图）　190

十二色环（图） 17

实景拍摄 60、61（图）

　　构图 60

　　效果（图） 61

矢量蒙版 118、188（图）、119、189（图）

　　编辑 119

　　创建 118、118（图）

　　使用 118

　　修改（图） 119

视觉 1

视觉效果 16、206

　　定期更新 206

视觉营销 1～3、8、196

　　发展阶段 3

　　认知 1

　　三大要素 8

　　与无线端的关系 196

视觉营销基本原则 4

　　目的性 4

　　审美性 4

　　实用性 4

视觉营销客户需求 4、5

　　安全需求 4

　　基础需求 4

　　社会需求 5

　　文化需求 5

　　自我实现需求 5

　　尊重需求 5

视频 185

视频模块 185、185～187（图）

　　操作方法 185

　　内容编辑（图） 187

　　添加（图） 186

　　预览（图） 187

手动选择产品（图） 185

手机拍摄（图） 25

首页 154、181

　　设计 181

　　整体规划 154

束光桶 35、36（图）

竖版 94、94（图）

　　宋体选择（图） 94

　　文字排列 94

水印 203

四页挡板 35、36（图）

锁定 97、97（图）

　　选项组（图） 97

T

特写 56

　　效果 56

添加图层蒙版并反选的效果（图） 121

填充路径效果（图） 108

通道 108

　　抠图 108

　　使用 108

通道抠图操作方法 108～113、109～113（图）

　　创建选区（图） 109

　　返回 RGB 通道（图） 113

　　复制通道（图） 112

　　红绿通道效果对比（图） 111

　　抠图完成（图） 113

　　切换通道面板（图） 110

　　人物原图（图） 109

　　添加蒙版（图） 110

　　添加矢量蒙版（图） 113

　　调整色阶（图） 112

　　新建两个图层（图） 109

　　选择反向（图） 112

　　选择显示图层（图） 110

同类色 17

同类色、邻近色、对比色、互补色对比（图） 18

图案填充效果（图） 85

图案图章工具 82、82（图）

　　属性栏（图） 82

效果（图）　82
图层　95、96、99、99（图）、100（图）
　　工具展示（图）　96
　　删除　99、100（图）
　　使用　95
　　填充（图）　99
　　调整　99
　　新建　99
图层创建　99、99（图）
　　新组（图）　99
图层混合模式　96、97（图）
　　选项（图）　97
图层基本类型　100 ～ 103
　　背景图层　100、100（图）
　　链接图层　102、103（图）
　　蒙版图层　101、101（图）
　　填充图层　102
　　调整图层　102、102（图）
　　文字图层　101、101（图）
　　形状图层　102、103（图）
图层蒙版　99、99（图）
　　效果（图）　99
图层蒙版使用　114 ～ 117
　　倒影添加　116
　　局部调整　117
　　抠图　115
　　拼接图片　115
图层面板　96、97（图）
　　展示（图）　97
图层特性　95、96
　　叠加　96
　　独立　96
　　透明　96
图层样式　98、98（图）、103、104（图）
界面（图）　98
图片　5、6、72、125、181（图）、201、204（图）、
　　205（图）

Web 格式保存界面（图）　204
　　产品主体（图）　205
　　大小调节步骤　72
　　美化　125
　　侵权规避方法　6
　　清晰度和尺寸　201
　　上传（图）　181
　　著作权　5
图片 K 数　204、204（图）
　　控制　204
　　设置（图）　204
图片版权　5、6
　　保护意识　6
　　侵权处罚　5
图片构图优化处理　136、136（图）、137（图）
　　裁剪操作（图）　137
　　裁剪工具选择界面（图）　136
　　裁剪后效果（图）　137
　　原图（图）　136
图片光影调整　126 ～ 133、126 ～ 133（图）
　　不透明度调整（图）　133
　　重复边缘像素调整（图）　129
　　打开原图（图）　126
　　高斯模糊参数设置（图）　130
　　高斯模糊工具位置（图）　130
　　高斯模糊效果（图）　131
　　工具位置叠加（图）　132
　　矩形框复制并水平下移（图）　128
　　矩形框复制并水平移动（图）　127
　　矩形框填充前景色（图）　127
　　粘贴至 RGB 通道（图）　131
　　前景色设置为白色（图）　126
　　切变工具位置（图）　129
　　切变效果（图）　129
　　图层面板界面（图）　132
　　效果叠加（图）　132
　　新建通道（图）　126

最终效果（图）　133

图片色彩调整　133～135、133～136（图）

　　饱和度调整效果（图）　135

　　饱和度选择（图）　135

　　打开原图（图）　133

　　面板调整（图）　134

　　明度调整效果（图）　136

　　色相调整效果（图）　135

　　色相选择（图）　135

　　选择界面调整（图）　134

图像大小　73、73（图）

　　调整界面（图）　73

图像分辨率设置界面（图）　73

图章工具　81

W

网格　89、89（图）、90（图）

　　工具位置（图）　89

　　和参考线配合使用（图）　90

　　效果（图）　90

网站排版　155

旺铺　153、155、161

　　页面排版　155

　　装修　153

　　子板块装修　161

文案策划　138、148

　　要点　148

　　在阿里巴巴国际站的应用　148

文件格式正确应用　70～72

　　BMP 格式　70

　　DICOM 格式　71

　　EPS 格式　71

　　GIF 格式　71

　　JPEG 格式　71

　　PCX 格式　71

　　PDF 格式　71

　　Pixar 格式　72

　　PSB 格式　70

PSD 格式　70

Raw 格式　71

ScitexCT 格式　72

TGA 格式　72

TIFF 格式　72

文艺风格旺铺装修主题（图）　159

文字　94（图）、141

　　工具属性栏（图）　94

　　设计与应用　141

文字编排规则　141、144

　　字间距和行距适中　144

　　字体倍率　144

　　字体对齐　144

文字工具使用　93、93（图）

　　效果（图）　93

纹理清晰（图）　50

无反相机（图）　25

无光斑效果（图）　50

无线端　197、182（图）

　　展示　197

　　装修切换（图）　182

无线端模块　197、197（图）

　　可展示范围（图）　197

　　旺铺无线端后台页面（图）　197

无线端网页版展示　198、198～200（图）

　　P4P 产品（图）　199

　　顶级展位产品（图）　199

　　搜索界面（图）　198

　　网址（图）　198

　　自然排名产品（图）　200

无线引闪器　36、37（图）

X

吸管工具　93、93（图）

　　位置（图）　93

吸管吸取暗色（图）　79

吸色功能（图）　93

希腊建筑（图）　22

细节图　202

显示与隐藏图层　98、98（图）

橡皮擦工具　82、82（图）、83（图）

　　　效果（图）　83

相机不同点　26、27

　　　感光元件尺寸　27

　　　镜头　27

　　　取景方式　26

相机分类　24、25

　　　单反相机　25

　　　手机　25

相机快门（图）　39

相机内置闪光灯　31、31（图）

相机外置闪光灯　31、32（图）

消费群体定位　139

小结　7、22、64、137、152、195、206

斜线构图（图）　59

斜线构图法　58

新建渐变色设置位置（图）　85

新图层创建（图）　99

修饰工具使用　77

需要避免商品表面反光的商品　49

需要表现商品表面纹理的商品　50

需要设计师后期抠图的商品　51

需要有对称光影的商品　48

需要有漂亮光斑的商品　49

选区　74

　　　操作快捷方式　74

　　　工具使用　74

选区工具使用方法　74～76、74～77（图）

　　　选区工具（图）　75

　　　选区减少示例（图）　77

　　　选区框（图）　75

　　　选区添加示例（图）　76

　　　选区位置移动示例（图）　76

　　　选区移动示例（图）　77

　　　原图编辑界面（图）　74

Y

颜色　9、20、84（图）、95

　　　使用一般步骤　20

　　　填充效果（图）　84

　　　选择（图）　95

颜色搭配组合　17～19

　　　对比色　19

　　　互补色　19

　　　邻近色　18

　　　同类色　17

页面布局组成及设置　156～158

　　　Contacts　157

　　　Home　156、156（图）

　　　产品类目　156、157（图）

　　　公司简介　157、157（图）

　　　联系人信息　157、158（图）

　　　首页　156

　　　自定义页面　158、158（图）

页面整体布局　154

页面主题风格　159、160

　　　3D风　160、160（图）

　　　简约风　159、160（图）

　　　文艺风　159

移动端　181、201

　　　电商设计优化　201

　　　端装修　181

移动端App展示　200、200（图）、201

　　　搜索显示界面（图）　200

　　　外贸直通车产品　201

　　　自然排名产品　201

移动工具　90

移动图层功能效果（图）　91

营销　150、189

　　　产品文案策划　150

　　　设计　189

影棚闪光灯　31、32（图）

硬光拍摄（图）　42

油漆桶工具　84

远景　54、54（图）

　　效果（图）　54

Z

展示风格统一　206

照片曝光关键要素　38

正方形商品（图）　202

正片叠底模式效果（图）　81

知识目标　2、9、24、66、139、154、197

直接拼接效果（图）　116

智能产品推荐　187、188（图）

中景　55、55（图）

　　人物效果（图）　55

　　效果（图）　55

重点推荐模块添加（图）　175

主体　52（图）、205、205（图）

　　拼图过多（图）　205

　　清晰衬托物虚化（图）　52

　　突出　205

主营类目产品模块编辑区（图）　184

紫色　15、15（图）

紫色花（图）　15

字号选择（图）　95

字体风格与装修风格搭配　146～148

　　欧美风　147、147（图）

　　时尚简约风　148、148（图）

　　文艺小清新　146、147（图）

　　中国风　147、147（图）

字体公司品牌　142、143（图）

　　汉仪字库（图）　143

　　华康字形（图）　143

　　叶根友字体（图）　143

　　造字工房（图）　143

字体授权价格（图）　144

字体样式　141、142、142（图）

　　衬线体　141、142（图）

　　无衬线体　142、142（图）

自定义　92（图）、180（图）

　　内容设置（图）　180

　　切片大小效果（图）　92

自定义模块　179～181

　　编辑区（图）　180

　　预览（图）　181

自动选择产品（图）　185

自身网站内容分析　155

　　产品定位　155

　　了解需求　155

　　页面布局　155

最终效果（图）　116、118、121

（王彦祥、张若舒　编制）